Heike Schmid
Materialien und Kopiervorlagen
zur Klassenlektüre

Carolin Philipps

Fledermäuse
beißen nicht

Hase und Igel®

Inhalt

© 2008 Hase und Igel Verlag GmbH, München
www.hase-und-igel.de
Lektorat: Kristina Oerke
Satz: Claudia Trinks
Illustrationen: Sabine Scholbeck (aus der Lektüre), Johann Brandstetter

ISBN 978-3-86760-390-4
2., aktualisierte Auflage 2017

Das Buch

Fledermäuse und flüchtende Menschen – wie das zusammenpasst, zeigt Carolin Philipps eindrucksvoll in ihrem Jugendroman „Fledermäuse beißen nicht". Dreh- und Angelpunkt der Geschichte ist der zwölfjährige Moritz, mittleres Kind der Familie Schulte und Fledermausexperte. Mit diesem Hobby eckt er sowohl in der Schule als auch in seiner Familie an. Ständig muss er die geliebten Tiere gegen Vorurteile und Anfeindungen verteidigen. Umso erstaunter ist er, dass die neue Schülerin mit dem chinesischen Namen Hua, die in seiner Projektgruppe „Nistkästen für Fledermäuse" ist, genauso viel über die Tiere weiß wie er selbst.

Auf Verständnis stößt Moritz bei seinem Vater, vor allem aber bei seiner Großmutter. Diese beherbergt eine ganze Kolonie von Zweifarbfledermäusen auf dem Dachboden ihres Gutshofs.

Als „Oma Fliederbusch" nach Teneriffa zieht, entschließen sich Moritz' Eltern, den Erdbeerhof der Großmutter weiterzuführen und dort einzuziehen. Moritz ist der Einzige, der von der Fledermauskolonie auf dem Dachboden weiß. Er bekommt von der Großmutter den Auftrag, die Tiere zu beschützen. Für Moritz heißt das vor allen Dingen: Seine Mutter und seine Schwester, die sich vor Fledermäusen fürchten, dürfen nichts von den „Untermietern" erfahren.

Dieses Geheimnis macht sich Moritz' älterer Bruder Maik, der die Fledermäuse zufällig entdeckt, zunutze: Er verspricht Moritz, nichts von den Tieren zu erzählen, wenn der ihm im Gegenzug die Namensliste seiner Nachbarklasse beschafft. Moritz ahnt, was sein Bruder damit vorhat, da dieser bereits von der Mutter dabei ertappt wurde, wie er ausländisch klingende Namen von Moritz' Klassenliste abgeschrieben hat. Diese Namen sammelt Maiks ausländerfeindlich gesinnte Clique, um die Polizei auf Kinder aufmerksam zu machen, die möglicherweise illegal in Osterbrügge wohnen und zur Schule gehen.

Im Urlaub auf Teneriffa wird die Familie hautnah mit der Flüchtlingsproblematik konfrontiert: Täglich kommen Schiffe aus Afrika an, die auf dem Weg nach Europa in eine vermeintlich bessere Zukunft sind. Zufällig begegnet Moritz dem Flüchtlingsjungen Ali aus Mauretanien, der sich in einer Höhle versteckt hält. Als Moritz Ali mit ins Hotel nimmt, wird dieser vom Hotelpersonal aufgegriffen und an die Polizei übergeben. Da Maik den Polizisten Alis Herkunftsland verrät, kann dieser direkt wieder abgeschoben werden.

Unterdessen wurden in Osterbrügge die sich illegal im Dorf aufhaltenden Familien aufgrund der von Maiks Clique erstellten Listen bei der Ausländerbehörde angezeigt. Auch Artur, Moritz' bester Freund, gehört dazu, sodass Moritz nur noch einen Abschiedsbrief zu lesen bekommt, als er Artur nach den Ferien besuchen will. Moritz hat Angst, dass auch Hua zu den „Illegalen" gehört, und versteckt sie auf dem Erdbeerhof der Großmutter, der bis zum Umzug der Familie leersteht. Auch Moritz' Eltern werden bei der Rückkehr aus dem Urlaub mit einer unangenehmen Nachricht konfrontiert: Der alte Gutshof soll laut Plänen des Stadtrats bald einer Umgehungsstraße weichen.

Schließlich wendet sich beim großen Showdown am „Tag der offenen Tür" der Schule doch noch alles zum Guten: Maik zeigt, dass er aus den Erlebnissen mit Ali und Artur gelernt hat, und bringt Hua, die doch nicht illegal in Deutschland ist, noch rechtzeitig zur Präsentation der Projekte in die Schule. Hier berichtet sie von den Zweifarbfledermäusen auf dem Erdbeerhof. Da diese unter Artenschutz stehen, werden die Planer den Verlauf der Umgehungsstraße noch einmal überdenken müssen. Der Erdbeerhof ist gerettet!

Im Mittelpunkt des Jugendbuchs steht eine Frage, mit der wir spätestens seit 2015 fast täglich direkt vor Ort oder zumindest durch die Medien konfrontiert werden: Wie begegnen wir (West-)Europäer Menschen anderer Kontinente und Kulturen, die ihre Heimat verlassen mussten und versuchen bei uns Fuß zu fassen? Carolin Philipps gelingt es, sich mit dieser brisanten Thematik, die unsere Gesellschaft umtreibt und polarisiert, auseinanderzusetzen, ohne simple Lösungen oder pauschale Wertungen vorzugeben. So regen verschiedene Positionen – Vorurteile und Verständnis – zur Reflexion an und ermöglichen den Blick über den Tellerrand.

Das zweite Schwerpunktthema des Romans hat einen naturwissenschaftlichen Hintergrund: Fledermäuse, zu Recht gefürchtet oder bedroht? Im Laufe der Lektüre können sich die Schüler eine eigene Meinung über diese interessanten Tiere bilden. Sie erhalten grundlegende Informationen, setzen sich mit Vorurteilen auseinander und werden angeregt, sich weitergehend mit den fliegenden Säugetieren zu beschäftigen. Hierfür bietet sich eine übergreifende Zusammenarbeit der Fächer Deutsch und Biologie an.

Weitere Themen, die das Jugendbuch aufgreift und die für Heranwachsende eine große Rolle spielen, sind u. a. Probleme mit Geschwistern, Freundschaft und Hobbys.

Das Begleitmaterial trägt dazu bei, sich mit den genannten Themen auseinanderzusetzen und einzelne Aspekte für Schüler ab der 4. Jahrgangsstufe, schwerpunktmäßig für die Klassen 5 bis 7 zu vertiefen und verständlich zu machen.

Das Material

Das vorliegende Material ist für eine 15- bis 20-stündige Unterrichtssequenz konzipiert. Dabei sind die Kopiervorlagen und weiterführenden Unterrichtsvorschläge als Auswahl zu verstehen, die Sie an eigene Schwerpunkte und Ihre individuelle Unterrichtssituation anpassen können.

Im Mittelpunkt der Unterrichtssequenz steht das Thema „Flüchtlinge": Zitate aus der Lektüre werden aufgegriffen und um weiterführende Informationstexte, Grafiken und konkrete Fallbeispiele ergänzt. So wird die Problematik auf vielfältige Weise für die Altersstufe aufbereitet. Dabei sollen die Schüler in die Lage versetzt werden, gängige Vorurteile zu hinterfragen und Verständnis für Menschen zu entwickeln, die ihre Heimat verlassen müssen.

Ein Wissensquiz und eine Bastelanleitung für Fledermäuse aus Papier bilden den spielerischen Einstieg in die Auseinandersetzung mit den fliegenden Säugern. Für eine weiterführende Beschäftigung mit dem Thema finden Sie im Internet informative und kreative Seiten, auf die im Lehrerteil verwiesen wird.

Immer wieder bieten Kopiervorlagen zu zentralen Stellen des Romans Schaubilder, die Entwicklungen deutlich machen und einen Überblick verschaffen.

Ereignisse und Fragestellungen werden auf die Lebenswelt der Schüler bezogen: So bekommen die Schüler die Gelegenheit, über eigene Hobbys zu berichten. Eine Klassenumfrage zum Thema „Freundschaft" zeigt, wie viele Gesichter diese haben kann.

Neben spielerischen und kreativen Ansätzen wurden auch Methoden des kooperativen Lernens integriert: In einem Placemat-Verfahren nähern sich die Schüler Fakten, Mythen und Vorurteilen über Fledermäuse. Das Partnerpuzzle zur Flüchtlings- und Asylthematik erlaubt es, grundlegende Informationen selbstständig zu erwerben und anderen Schülern zu vermitteln. Beide Methoden bieten den Schülern eine aktive Auseinandersetzung mit den beiden Schwerpunktthemen.

Das Material orientiert sich am chronologischen Handlungsablauf des Romans. Neben vier thematischen Abschnitten zu den Kapiteln finden sich im fünften Abschnitt Unterrichtsvorschläge, die im Anschluss an die Lektüre zum Einsatz kommen können.

Jeder Sinnabschnitt beginnt mit einem Lehrerteil. Dieser beinhaltet zunächst eine kurze inhaltliche Zusammenfassung zu jedem Kapitel. Danach folgen didaktische Hinweise und Lösungen zu den Kopiervorlagen, Vorschläge für Gesprächs- und Schreibanlässe sowie Ideen für eine kreative Auseinandersetzung mit verschiedenen Themen (Kreativ aktiv). Unmittelbar im Unterricht einsetzbare Kopiervorlagen (KV) runden jeden der fünf Abschnitte ab.

Signets am oberen Seitenrand verdeutlichen den thematischen Schwerpunkt der Kopiervorlage:

zur Lektüre   Fledermäuse   Moritz' Lebenswelt

 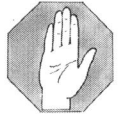 

Flüchtlings-thematik   Ausländer-feindlichkeit   Sprache unter der Lupe

Die einzelnen Arbeitsaufträge auf den Kopiervorlagen sind zur besseren Orientierung mit folgenden Symbolen versehen:

schreiben   lesen   sprechen

Kurzvortrag   kreatives Gestalten   Rollenspiel

Viel Spaß beim Lesen und Arbeiten mit Buch und Material sowie vielseitige Erkenntnisse beim „Blick über den Tellerrand" wünscht Ihnen und Ihrer Klasse

Heike Schmid

1. und 2. Kapitel: Ein außergewöhnliches Hobby

Inhalt

(1) Biologieunterricht in der 6. Klasse der Grund- und Gesamtschule Osterbrügge: Ein großes Chaos bricht aus, als anhand von Bildern das Thema „Fledermäuse" eingeführt wird. Moritz ist der Einzige, der die Ruhe bewahrt. Ihn interessieren die Tiere. Schließlich wird ihm das Theater seiner Mitschüler zu bunt: Er packt seine Sachen, verlässt den Unterricht und läuft nach Hause. Der Lehrer vermutet, er sei aus Angst vor den Fledermäusen geflohen. Er weiß nicht, dass Moritz ein großer Fledermausexperte ist.

(2) Ein neuer Schultag: Moritz schmökert schon beim Frühstück in einem Buch über Fledermäuse. Darüber vergisst er sogar die Englischarbeit, für die er nicht gelernt hat. In seiner Familie sind der Vater und die Großmutter die Einzigen, die Verständnis für seine Fledermaus-Leidenschaft aufbringen. Seine Mutter und seine Schwester hassen diese Tiere. In der ersten Stunde hat Moritz Biologie. Arbeitsteilig erarbeiten die Schüler die wichtigsten Informationen über Fledermäuse. Im vorausgehenden Klassengespräch wird klar, dass viele Märchen, Mythen und Vorurteile in Bezug auf Fledermäuse bestehen, z. B. dass Fledermäuse „Vampire" sind, die Menschen beißen. Nach Unterrichtsende bemerkt Moritz vor der Schule seinen Bruder Maik, der auf zwei Mädchen aus der 4. Klasse einredet und an sie Flugblätter verteilt. Maik erschrickt, als Moritz ihn anspricht.

Unterrichtsschwerpunkte

- Moritz und seine Familie
- Fledermäuse
- Hobbys

Zu den Kopiervorlagen

KV Seite 9

Kapitelüberschriften

Die Kapitel des Buches sind zwar nummeriert, haben aber keine Überschriften. Indem die Schüler lektürebegleitend passende Kapitelüberschriften finden, rekapitulieren sie jeweils den Inhalt. Als Einstieg in ein neues Kapitel können die gefundenen Überschriften diskutiert werden und als inhaltliche Grundlage für weiterführende Aufgaben dienen.

Mögliche Lösung
1: Viel Lärm um Fledermäuse
2: Fledermauspapa Moritz

3: Wandertag und Klassenlisten
4: Hua, die Fledermausexpertin
5: Zweifarbfledermäuse auf dem Erdbeerhof
6: Maiks Erpressung
7: Urlaubsvorbereitungen
8: Fledermäuse und Flüchtlinge
9: Alis Abschiebung
10: Ein Versteck für Hua auf dem Erdbeerhof
11: Der Erdbeerhof in Gefahr
12: Rettung für den Erdbeerhof?
13: Showdown am „Tag der offenen Tür"

KV Seite 10

Bist du ein Fledermausexperte?

Mithilfe dieser Kopiervorlage können die Schüler ihr Vorwissen über Fledermäuse überprüfen und grundlegendes Wissen erwerben. Kopieren Sie die Lösungen und Auswertungstexte mehrfach und stellen Sie sie den Schülern zur selbstständigen Überprüfung zur Verfügung. Für jede richtige Antwort gibt es einen Punkt.

Lösung
1 b), 2 b), 3 c), 4 a), 5 c), 6 b)
7 a), 8 a), 9 b), 10 c), 11 a), 12 c)

Auswertung:

1 – 4 Punkte: Du bist vom Fledermausexperten zwar noch ein gutes Stück entfernt, aber im Laufe der Lektüre wirst du einiges über Fledermäuse erfahren und somit dein Wissen erweitern.

5 – 8 Punkte: Du kennst dich schon ganz gut mit Fledermäusen aus. Vielleicht trägt das Lesen des Buches ja dazu bei, dass du Lust bekommst, dich noch mehr mit diesen Tieren zu beschäftigen.

9 – 12 Punkte: Herzlichen Glückwunsch, dich kann man zu den Fledermausexperten zählen! Schön, dass es außer Moritz noch andere Jugendliche gibt, die sich mit diesen Tieren so intensiv beschäftigen.

KV Seite 11

Moritz' Familie

Diese Kopiervorlage bezieht sich auf die erste Hälfte des 2. Kapitels (Seiten 13 – 18). Die Schüler sammeln Informationen über Moritz' Familienmitglieder und arbeiten die unterschiedlichen Einstellungen zu dessen Fledermaus-Hobby heraus. Die Informationen können im Laufe der Lektüre ergänzt werden.

Mögliche Lösung
(grau unterlegt: Familienmitglieder, die kein Verständnis für Moritz' Liebe zu Fledermäusen haben)

Ich bin Moritz' Vater. Ich arbeite als Erzieher in einem Kindergarten. Ich mag es nicht, wenn meine Kinder Schimpfwörter benutzen. Moritz' Liebe zu Fledermäusen kann ich verstehen.

Hallo, ich heiße Melanie. Ich bin Moritz' jüngere Schwester und hasse Fledermäuse. In Moritz' Zimmer gehe ich gar nicht, weil da überall Fledermausposter an der Wand hängen.

Ich bin Moritz' Oma. Ich wohne auf dem Erdbeerhof, einem „Fledermausparadies". Moritz' Leidenschaft für Fledermäuse kann ich verstehen. Einmal haben wir zusammen eine verletzte Fledermaus gepflegt, bis sie wieder gesund war.

Hallo, ich bin Maik. Ich bin Moritz' älterer Bruder. Moritz' Hobby ist mir eigentlich ziemlich egal.

Ich bin Moritz' Mutter. Bei Fledermäusen denke ich eher an Graf Dracula. Ich bekomme schon eine Gänsehaut, wenn jemand nur von Fledermäusen spricht. Mir wäre es lieber, wenn Moritz ein anderes Hobby hätte.

Was ist ein Hobby?

Diese Kopiervorlage kann nach der Lektüre des 2. Kapitels Verwendung finden. Zunächst setzen sich die Schüler mit der Bedeutung des Wortes „Hobby" auseinander. Indem sie im Folgenden Hinweise auf Moritz' Hobby „Fledermäuse" im Text suchen und diese mit Seitenzahlen notiert werden, wird grundlegende Textarbeit betrieben. Der abschließende Austausch über eigene Hobbys kann auch in Form von Kurzvorträgen erfolgen (siehe hierzu „Kreativ aktiv").

Mögliche Lösung

Ein Hobby (oder „Steckenpferd") ist eine Lieblingsbeschäftigung; eine Tätigkeit, die man freiwillig ausübt, weil sie einem Spaß macht und man sich dafür interessiert.

- Schon während des Frühstücks liest er ein Fachbuch über Fledermäuse, obwohl er eigentlich für die Englischarbeit lernen sollte. (Seite 14)
- Moritz hat überall in seinem Zimmer Fledermausposter hängen. (Seite 16)
- Moritz ist „Adoptivvater" der Fledermaus Moritzbat. (Seite 16)
- Er möchte ein Wildkräuterbeet im Garten anlegen, damit sich Fledermäuse ansiedeln. (Seite 18)
- Er möchte freiwillig ein Referat über Fledermäuse halten und hat frühzeitig Bücher aus der Bibliothek ausgeliehen. (Seite 18)
- Moritz freut sich, dass er etwas zum Thema „Fledermausohren" machen darf, obwohl es das schwierigste Thema ist. (Seite 22)

Tatsachen, Mythen, Vorurteile

In der auf den Seiten 18 bis 23 beschriebenen Biologiestunde werden Tatsachen, Mythen und Vorurteile über Fledermäuse zur Sprache gebracht. Zur Einstimmung auf die KV setzen sich die Schüler in Dreiergruppen zusammen. Erteilen Sie ihnen den Auftrag, die betreffende Textstelle zu lesen und anschließend ihre Gedanken und Eindrücke festzuhalten. Um einen Austausch zu ermöglichen, eignet sich hier besonders die „Placemat"-Methode.

Übertragen Sie dafür die folgende Vorlage auf ein DIN-A2- oder DIN-A3-Blatt.

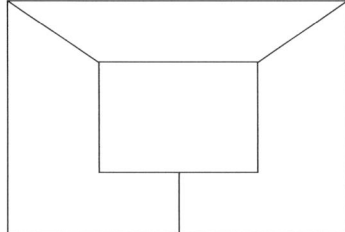

- <u>Phase 1 (Nachdenken und Schreiben)</u>: Jeder Schüler schreibt seine Gedanken in das vor ihm liegende Feld des Placemats.
- <u>Phase 2 (Stummes Vergleichen)</u>: Das Blatt rotiert innerhalb der Gruppe, sodass jeder die Ideen und Eindrücke des anderen lesen kann.
- <u>Phase 3 (Teilen und Konsens finden)</u>: Die Gruppe entscheidet gemeinsam, welches Gesamtergebnis bzw. welche Erkenntnis in die Mitte des Blattes geschrieben wird. (Das könnte z. B. sein: Über Fledermäuse wird

viel verbreitet, was nicht wahr ist. Man sollte nicht alles glauben, was einem andere erzählen.)
- Phase 4 (Präsentation): Die Gruppen präsentieren ihre Ergebnisse in der Klasse.

Mithilfe des Arbeitsblatts werden im Anschluss die verschiedenen Aussagen über Fledermäuse aus dem Text den Kategorien „Tatsache", „Mythos" und „Vorurteil" zugeordnet.

Lösung
Tatsache: Jedes vierte Säugetier ist eine Fledermaus. – Ein Viertel aller Fledermäuse ernährt sich von Früchten, drei Arten ernähren sich von Tierblut. – Fledermäuse sind die einzigen Säugetiere, die fliegen können. – Fledermäuse haben kleine Schneidezähne, kräftige Eckzähne und scharfe Backenzähne. – Fledermäuse sind stark gefährdete Tiere. – Fledermäuse finden im Dunkeln ihren Weg mit den Ohren.
Mythos: Fledermäuse sind mit dem Teufel verwandt. – Graf Dracula ist eine Fledermaus und wohnt in einem Schloss. – Fledermäuse sind die Seelen der Toten.
Vorurteil: Fledermäuse beißen Menschen.

Fledermäuse aus Papier

KV Seite 14

Anhand der Bastelanleitung auf dieser Kopiervorlage falten die Schüler Papierflieger in Fledermausform. Diese fliegen nicht geradeaus, sondern überschlagen sich in der Luft. Anschließend können die Fledermäuse im Klassenzimmer aufgehängt werden. Nebenbei üben die Schüler das Erfassen und Umsetzen von Bastelanleitungen.

Gesprächs- und Schreibanlässe

Der erste Eindruck zählt
Im 1. Kapitel bekommst du einen Eindruck von Moritz, der Hauptfigur des Jugendromans. Gib diesen Eindruck wieder, indem du folgenden Satz ergänzt: Moritz ist ein Junge, der …

Lest in der Klasse eure Sätze vor und tauscht euch über eure ersten Eindrücke von Moritz aus.

Feedback leicht gemacht
Während der Arbeit an dem Buch werdet ihr immer wieder Arbeitsergebnisse vor der Gruppe präsentieren. Was sollte man beachten, wenn man jemandem eine Rückmeldung zu einem Vortrag gibt? Sammelt Vorschläge und erstellt gemeinsam Regeln mit passenden Beispielen.

Feedbackregeln
Um konstruktive Kritik zu äußern, ist es hilfreich, anhand von Feedbackregeln einen höflichen Umgang einzuüben und damit unsachliche Kritik oder Beleidigungen zu vermeiden. Außerdem schärft die Einhaltung von Feedbackregeln den differenzierten Blick auf eine geleistete Mitschülerarbeit und fördert einen höflichen, respektvollen Umgang miteinander. Die Feedbackregeln können als Plakat im Klassenzimmer aufgehängt werden.
Grundsätzliche Regeln:
1. Sprich über die Sache (den Aufsatz, das Rollenspiel, die Präsentation).
2. Beginne mit dem Positiven. Denn etwas Positives gibt es immer. (z. B.: „Besonders gut hat mir gefallen, dass du uns beim Vortrag angeguckt hast. Allerdings …")
3. Beschreibe nur – bewerte nicht. (z. B.: „Du hattest deine Hände in den Taschen." Und nicht: „Deine Hände in den Taschen sahen doof aus.")
4. Vermeide Verallgemeinerungen (immer, nie, alle).
5. Verwende Ich-Botschaften. (z. B.: „Ich hätte mehr verstanden, wenn du deutlicher geredet hättest." Und nicht: „Du musst deutlicher reden!")
6. Gib Verbesserungstipps. (z. B.: „Achte beim nächsten Mal darauf, dass du eine Pause machst, wenn ein neuer Abschnitt beginnt.")

Kreativ aktiv

Mein Hobby
Bereite eine kurze Präsentation zu einem deiner Hobbys vor. Dabei solltest du auf folgende Punkte eingehen:
- Was ist dein Hobby? Stelle es kurz vor.
- Wie bist du zu diesem Hobby gekommen? Was war der Impuls?
- Wie lange gehst du diesem Hobby schon nach?
- Wie viel Zeit verbringst du mit deinem Hobby?
- Hast du einen Traum bezüglich deines Hobbys?
- Woran kann man erkennen, dass du dieses Hobby hast?

Vielleicht kannst du auch ein kleines Poster mit Bildern vorbereiten, das deine Präsentation unterstützt. (Die einzelnen Präsentationen sollten nicht länger als fünf Minuten dauern. Die Schüler sollten für die Vorbereitung etwa eine Woche Zeit bekommen.)

Alles über Fledermäuse

Informiere dich im Internet über Fledermäuse. Trage die Ergebnisse deinen Mitschülern vor. Ihr könnt auch Expertengruppen bilden („Ohren", „Flügel", „Fortpflanzung", „Vorkommen", „Arten" …).

Infoflug in die virtuelle Fledermauswelt

Im Kasten finden Sie eine Auswahl unterschiedlicher Seiten, die alle eines gemeinsam haben: Die Informationen sind für Kinder geschrieben und daher gut verständlich.

Internetadresse	Kommentar
www.flaus-online.de/kids	Ansprechend illustrierte, kindgerechte Informationen zu Fledermäusen; Spiele, Puzzles, Links für Kinder zu anderen Fledermausseiten
www.der-baff.de/kids	Kurze, kindgerechte Informationen vom Bonner Arbeitskreis für Fledermausschutz; Quiz, Spiel
www.nabu.de/batnight	Informationen zu verschiedenen Fledermausarten; Bauanleitung für Nistkästen; Informationen zu Fledermausgärten; Multimedia-Downloads: Fledermausrufe, Kurzfilme zu verschiedenen Aspekten, Bestellmöglichkeit für Broschüre, Bastelanleitung, Spiele, E-Cards, Infoblatt
www.planet-wissen.de (über suchen: Fledermäuse)	Für Kinder verständliche Informationen rund um die Fledermaus
www.kidsnet.at/Sachunterricht/tiere/ fledermaus.htm	Kurze Informationen rund um die Fledermaus, z. B. Arten, Nahrung, Aussehen

Kapitelüberschriften

 Die Autorin Carolin Philipps hat den Kapiteln keine Überschriften gegeben.
Werde zum Autor und finde jeweils eine passende Überschrift. Bewerte durch Ausmalen,
wie du das Kapitel findest.

Kapitel	Überschrift	Bewertung
1		☺ ☺ ☹
2		☺ ☺ ☹
3		☺ ☺ ☹
4		☺ ☺ ☹
5		☺ ☺ ☹
6		☺ ☺ ☹
7		☺ ☺ ☹
8		☺ ☺ ☹
9		☺ ☺ ☹
10		☺ ☺ ☹
11		☺ ☺ ☹
12		☺ ☺ ☹
13		☺ ☺ ☹

Bist du ein Fledermausexperte?

Moritz ist ein Fledermausexperte. Und wie sieht es bei dir aus?
Kreuze die jeweils richtige Antwort an und werte den Test am Schluss aus.

1. Fledermäuse sind …

- ☐ a) Vögel.
- ☐ b) Säugetiere.
- ☐ c) Insekten.

2. Fledermäuse orientieren sich mit …

- ☐ a) der Nase.
- ☐ b) den Ohren.
- ☐ c) den Augen.

3. Was haben Fledermäuse zwischen ihren Fingern?

- ☐ a) Haare
- ☐ b) Widerhaken
- ☐ c) Flughäute

4. Fledermäuse leben …

- ☐ a) in großen Gruppen.
- ☐ b) als Einzelgänger.
- ☐ c) als Pärchen.

5. Das chinesische Wort für „Fledermaus" hat zusätzlich die Bedeutung …

- ☐ a) „Teufel".
- ☐ b) „Erfolg".
- ☐ c) „Glück".

6. Wie viele Fledermausarten gibt es ungefähr in Europa?

- ☐ a) etwa 10
- ☐ b) etwa 40
- ☐ c) etwa 60

7. Fledermäuse sehen …

- ☐ a) schwarz-weiß.
- ☐ b) mehr Farben als Menschen.
- ☐ c) gar nichts, sie sind blind.

8. Was machen die meisten Fledermäuse in kälteren Regionen im Winter?

- ☐ a) Sie halten Winterschlaf.
- ☐ b) Sie bekommen Junge.
- ☐ c) Sie fliegen in wärmere Regionen.

9. Wie fangen die meisten Fledermäuse ihre Beute?

- ☐ a) mit den Händen
- ☐ b) mit der Schwanzflughaut
- ☐ c) mit dem Maul

10. Welche ist die kleinste Fledermausart der Welt?

- ☐ a) Zwergfledermaus
- ☐ b) Indonesischer Flughund
- ☐ c) Hummelfledermaus

11. Was bedeutet der wissenschaftliche Name der Fledermäuse „Microchiroptera"?

- ☐ a) Die-mit-den-Händen-fliegen
- ☐ b) Die-nachts-aktiv-sind
- ☐ c) Die-mit-den-Ohren-sehen

12. Wovon ernähren sich die meisten Fledermausarten?

- ☐ a) von Früchten
- ☐ b) vom Blut anderer Tiere
- ☐ c) von Insekten

Moritz' Familie

✏ ➤ Lies auf den Seiten 13 bis 18 nach. Schreibe in die Sprechblasen, was du über Moritz und seine Familie erfährst.

> Hallo, ich bin Moritz. Ich bin 12 Jahre alt und gehe in die 6. Klasse. Mein Lieblingsfach ist Biologie. Meine große Leidenschaft sind Fledermäuse. Aber nicht alle in meiner Familie finden das so toll.

Nicht alle Familienmitglieder haben Verständnis für Moritz' Liebe zu Fledermäusen.

Male die Sprechblasen verschiedenfarbig aus:
Grün = Familienmitglieder, die Verständnis für Moritz' Liebe zu Fledermäusen haben
Rot = Familienmitglieder, die kein Verständnis für Moritz' Liebe zu Fledermäusen haben

Was ist ein Hobby?

 Was bezeichnet man als Hobby? Kreise die passenden Erklärungen ein.
Schreibe eine kurze Begriffserklärung auf den Notizzettel.

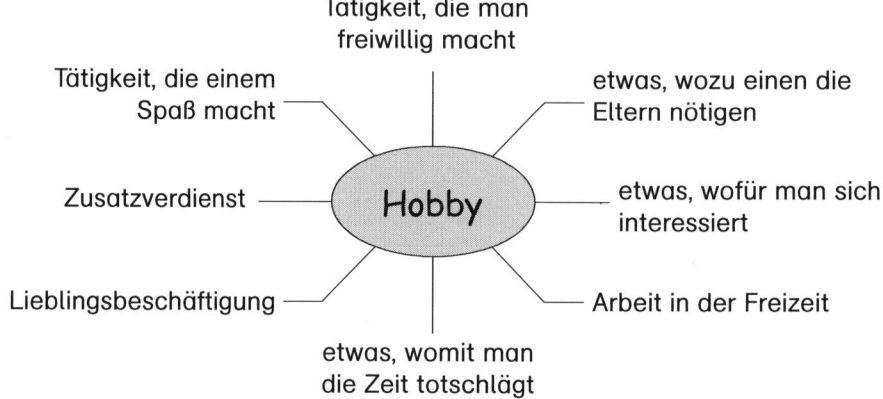

Tätigkeit, die man
freiwillig macht

Tätigkeit, die einem
Spaß macht

etwas, wozu einen die
Eltern nötigen

Zusatzverdienst

Hobby

etwas, wofür man sich
interessiert

Lieblingsbeschäftigung

Arbeit in der Freizeit

etwas, womit man
die Zeit totschlägt

Ein Hobby (oder „Steckenpferd") ist _____

_____

_____

_____

 Woran erkennt man, dass Fledermäuse Moritz' Hobby sind?
Sammle Hinweise aus dem 2. Kapitel.

Moritz weiß mehr über Fledermäuse, als man im Lexikon finden kann. (z. B. Seite 12)

 Was ist dein wichtigstes Hobby? Tausche dich mit einem Partner darüber aus.

Tatsachen, Mythen, Vorurteile

 Lest die drei Begriffserklärungen. Verständigt euch darüber und findet Beispiele.

Mythos

ursprüngliche Erzählung,
Sage aus der Vorzeit eines Volkes;
befasst sich besonders mit Göttern,
Dämonen und der Erschaffung
des Menschen

Tatsache

ein wirklicher,
gegebener Umstand;
erwiesener Sachverhalt

Vorurteil

vorab wertendes
Urteil ohne genaue
Sachkenntnis

 Tatsache, Mythos oder Vorurteil? Übertrage die Tabelle unten in dein Heft und schreibe die folgenden Sätze in die entsprechende Spalte. Lies gegebenenfalls auf den Seiten 18 bis 23 im Buch nach.

Jedes vierte Säugetier ist eine Fledermaus.

Fledermäuse sind die einzigen Säugetiere, die fliegen können.

Fledermäuse sind die Seelen der Toten.

Fledermäuse beißen Menschen.

Fledermäuse haben kleine Schneidezähne, kräftige Eckzähne und scharfe Backenzähne.

Fledermäuse sind mit dem Teufel verwandt.

Ein Viertel aller Fledermäuse ernährt sich von Früchten, drei Arten ernähren sich von Tierblut.

Fledermäuse sind stark gefährdete Tiere.

Graf Dracula ist ein Vampir und wohnt in einem Schloss.

Fledermäuse finden im Dunkeln ihren Weg mit den Ohren.

Tatsache	Mythos	Vorurteil
Jedes vierte Säugetier ist eine Fledermaus.		

Fledermäuse aus Papier

Falte eine Fledermaus aus Papier. Es ist gar nicht schwer, wenn du die Anleitung Schritt für Schritt befolgst. Viel Spaß!

1. Nimm ein quadratisches Stück Papier. Falte das Quadrat von Spitze zu Spitze und wieder auseinander. Falte dann die anderen beiden Spitzen zusammen.

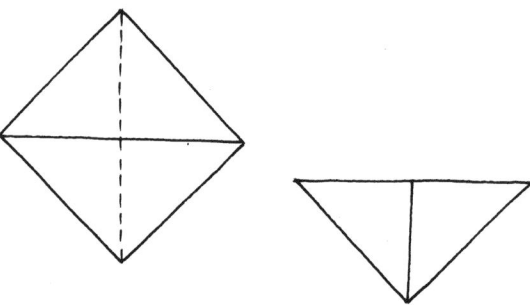

2. Lege das Dreieck wie in der Abbildung vor dich hin. Falte die Spitze des Dreiecks so nach oben, dass sie etwas über die Kante hinausragt.

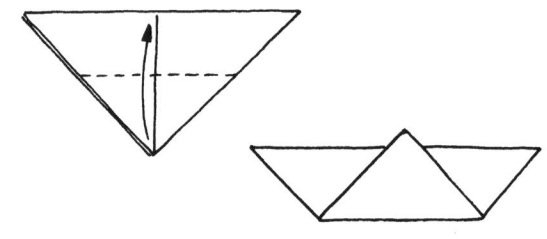

3. Knicke deinen Flieger so in der Mitte (gestrichelte Linie), dass beide Seiten genau übereinanderliegen.

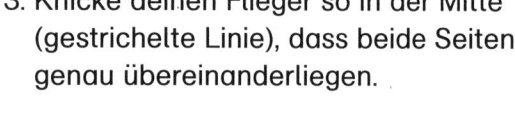

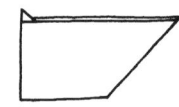

4. Knicke den oberen „Flügel" an der gestrichelten Linie von rechts nach links.

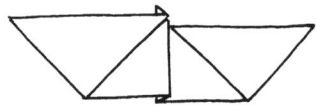

5. Drehe den Flieger auf die andere Seite und schlage den linken „Flügel" an der gestrichelten Linie nach rechts.

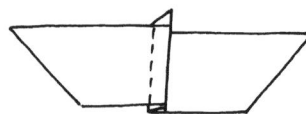

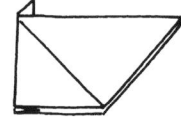

Jetzt ist deine Fledermaus startbereit!

6. Richte die Flügel waagerecht aus und male deiner Fledermaus ein Gesicht.

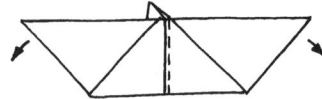

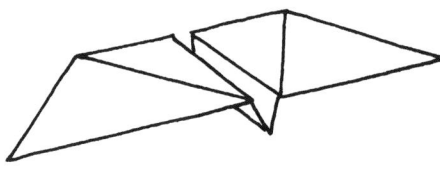

Inhalt

demnächst dort einzuziehen. Moritz' Mutter und Schwester wissen allerdings nicht, dass auf dem Dachboden des Gutshofs Zweifarbfledermäuse hausen. Seit Jahren teilen Moritz und seine Großmutter die Leidenschaft für diese Tiere und beobachten sie. Moritz bekommt von Oma Fliederbusch den Auftrag, die Fledermäuse weiterhin zu beschützen.

(6) Maik findet heraus, dass der Erdbeerhof ein Fledermausparadies ist, und verspricht Moritz, der Mutter und Melanie nichts davon zu sagen, wenn Moritz ihm im Gegenzug die Klassenliste der 5. Klasse besorgt. Moritz wird klar, dass Maik ein Geheimnis hat, das mit den Listen zusammenhängt. Beim Frühstück am nächsten Morgen lenkt der ältere Bruder das Gespräch auf Fledermäuse, damit Moritz ihre Abmachung nicht vergisst. Um die Klassenliste zu besorgen, stiehlt sich Moritz am Vormittag verbotenerweise in das Klassenzimmer der Fünften und entwendet die Liste. Als er den Raum verlässt, läuft er seinem Klassenlehrer in die Arme, der daraufhin seine Mutter um ein Elterngespräch über Moritz' Verhalten bittet. Moritz bekommt zu Hause Ärger. Am liebsten würde er seinen Bruder verraten, doch Maik setzt ihn weiter mit den Fledermäusen unter Druck.

(3) Maik hat Moritz' Hausaufgabenheft entwendet und alle ausländischen Namen von der darin befindlichen Klassenliste der Sechsten abgeschrieben. Im Streitgespräch mit der Mutter, die diese Liste in die Hände bekommt, gibt er zu, dass er herausfinden möchte, welche Schüler an der Dorfschule illegal in Deutschland sind. Die Reaktion der Mutter, die Elternratsvorsitzende ist, zeigt, dass sie die Namen der Familien kennt, die illegal in Osterbrügge wohnen. Sie verrät ihrem Sohn aber nichts.

(4) Für die geplante Projektwoche hat sich Moritz bei dem Projekt „Nistkästen für Fledermäuse" eingetragen. Auf der Projektliste findet sich der Name einer neuen Schülerin – Hua. Moritz und seine Freunde sind überzeugt davon, dass ein Mädchen nicht in dieses Projekt passt, da Mädchen ihrer Meinung nach Angst vor Fledermäusen haben. Sie befürchten, dass Hua „ihr" Projekt kaputt machen könnte. Die Freunde entwickeln einen Plan, um herauszufinden, ob das fremde Mädchen Angst vor Fledermäusen hat, und sperren sie in einen alten Schuppen auf dem Schulgelände, in dem Zwergfledermäuse wohnen. Als Moritz sie später befreit, stellt er erstaunt fest, dass Hua überhaupt keine Angst vor Fledermäusen hat, sondern wie er eine Expertin auf diesem Gebiet ist.

(5) Moritz' Eltern haben vor, den Erdbeerhof von Oma Fliederbusch, die nach Teneriffa zieht, weiterzuführen und

Unterrichtsschwerpunkte

- Ausländerfeindlichkeit
- Vorurteile
- Erpressung

Zu den Kopiervorlagen

| KV |
| Seite |
| 18 |

Maiks Geheimnis
Diese Kopiervorlage kann folgendermaßen zum Einsatz kommen:
a) Anhand nacheinander an die Tafel gehefteter Kärtchen „Illegale Schüler" – „Maik" – „Maiks Mutter" wird der im 3. Kapitel dargestellte Konflikt Schritt für Schritt im Unterrichtsgespräch erarbeitet. Die Ergebnisse können abschließend in das Arbeitsblatt eingetragen werden, um das Erarbeitete zu festigen.
b) Die Schüler füllen das Arbeitsblatt im Anschluss an die Lektüre des Kapitels in Einzel- oder Partnerarbeit aus. In einem anschließenden Unterrichtsgespräch werden die Ergebnisse an der Tafel oder auf einer Folienkopie zusammengetragen. Einen weiterführenden Arbeitsauftrag zu Maiks Haltung gegenüber illegalen Schülern finden Sie unter „Gesprächs- und Schreibanlässe".

Mögliche Lösung

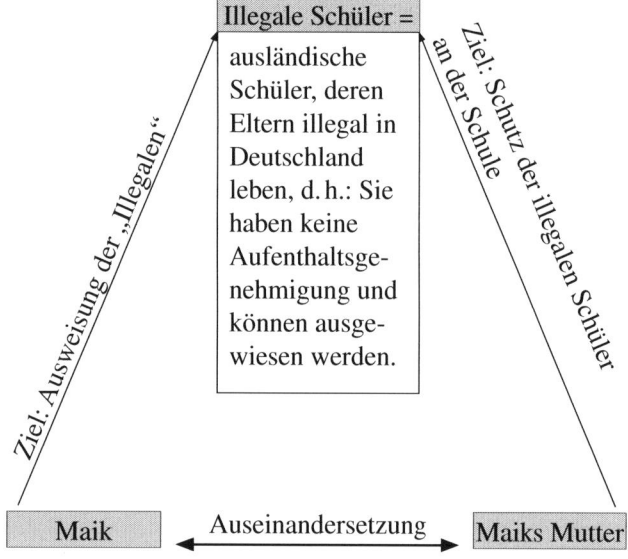

Illegale Schüler =
ausländische Schüler, deren Eltern illegal in Deutschland leben, d. h.: Sie haben keine Aufenthaltsgenehmigung und können ausgewiesen werden.

Ziel: Ausweisung der „Illegalen"

Ziel: Schutz der illegalen Schüler an der Schule

Maik ⟷ Auseinandersetzung ⟷ Maiks Mutter

Er glaubt, dass die deutschen Schüler weniger lernen, wenn Schüler ausländischer Herkunft in ihrer Klasse sind. Deshalb möchte er zusammen mit seinen Freunden herausfinden, welche Schüler illegal in Deutschland sind.

Sie kennt die Namen der illegalen Schüler, gibt sie aber nicht preis.

Was heißt hier Vorurteil?

KV
Seite
19

Als Einführung in das Thema können Zitate aus dem 4. Kapitel an die Tafel geschrieben und diskutiert werden. Anschließend setzen sich die Schüler anhand einer vorgegebenen Begriffsdefinition auf sachlicher Ebene mit Vorurteilen auseinander. Abschließend werden weitere Vorurteile gegen Jungen und Mädchen zusammengetragen und hinterfragt (zum Thema „Vorurteile gegen Ausländer" siehe auch KV Seite 31).

Mögliche Lösung
2. ungeprüfte Übernahme der Meinung anderer
3. Verallgemeinerung
4. Abwertung anderer Personen
5. schwer abzubauen

Moritz hat schlechte Erfahrungen mit der Reaktion seiner kleinen Schwester und weiterer Mädchen aus seiner Klasse auf Fledermäuse gemacht. Diese überträgt er auf alle Mädchen. Die Einstellung seiner Freunde bestärkt ihn in seiner Haltung. Widerlegt wird sein Vorurteil durch eine gegenteilige Erfahrung: Hua hat keine Angst vor Fledermäusen und ist sogar Fledermausexpertin.

Moritz' geheime Mission

KV
Seite
20

Die vorliegende Kopiervorlage bezieht sich auf die Seiten 52–59. Die Schüler füllen das Schaubild aus und entwickeln dann in Partnerarbeit Alternativsituationen, die gegebenenfalls zeigen, dass sich Moritz gegen die Erpressung seines Bruders wehren könnte. Das Schaubild kann auch gemeinsam im Unterrichtsgespräch erstellt werden. In diesem Fall wird der obere Teil des Blattes vergrößert kopiert und auf Folie gezogen.

Ausgehend von der letzten Aufgabe können die Schüler von eigenen Erfahrungen mit vergleichbaren Situationen berichten.

Mögliche Lösung
Auftraggeber: Oma Fliederbusch
Auftrag: Moritz soll die Zweifarbfledermäuse auf dem Dachboden des Gutshofs vor der Mutter und der Schwester beschützen.
in Gefahr durch Maiks Entdeckung: das Fledermausparadies auf dem Gutshof
Erpressung: „Wenn du mir die Liste der 5. Klasse besorgst, dann könnte ich vergessen, was ich gesehen habe."

Maik lenkt das Gespräch am Frühstückstisch mehrfach auf das Thema „Fledermäuse" und zeigt Moritz damit noch einmal, was passieren kann, wenn er die Klassenliste nicht besorgt.

Gesprächs- und Schreibanlässe

Beim Abschreiben der Liste

„(…) und so bemerkte er (Moritz) auch nicht, dass sich sein Bruder (…) erneut die Klassenliste aus seinem Aufgabenheft nahm und damit in sein Zimmer verschwand." (Buch, Seite 35)

Versetze dich in Maik hinein: Welche Gedanken gehen ihm beim Abschreiben der Namen von der Liste wohl durch den Kopf? Schreibe einen inneren Monolog. Bedenke dabei Folgendes: seine Haltung gegenüber den illegalen Schülern, seine Auseinandersetzung mit seiner Mutter und deren Haltung zu der Problematik, seine Position in seiner Clique.

„Was machen wir jetzt mit dieser Hua?"

Diese Frage beschäftigt Moritz und seine Freunde im 4. Kapitel. Hast du eine Idee, was die Jungen mit der neuen Schülerin machen könnten, um …
a) herauszufinden, ob sie wirklich Angst vor Fledermäusen hat?
b) ihr Angst zu machen, damit sie das Projekt wechselt?
Entscheide dich für eine Möglichkeit und schreibe in einer Erzählung auf, was die Jungen unternehmen.

Kreativ aktiv

Große Pläne

Was könnten die Jungen mit Hua machen, um herauszufinden, ob sie Angst vor Fledermäusen hat?

Entwickelt in Gruppenarbeit ein Rollenspiel, das zeigt, was die Jungen beraten und planen.

Maiks Geheimnis

Zwischen Maik und seiner Mutter kommt es zu einer Auseinandersetzung.

 Was sind „illegale Schüler"? Wie verhalten sich Maik und seine Mutter, mit welchem Ziel? Lies im 3. Kapitel nach und fülle das Schaubild aus.

```
┌─────────────────────────────┐
│      Illegale Schüler =      │
├─────────────────────────────┤
│  _____  │
│                             │
│  _____  │
│                             │
│  _____  │
│                             │
│  _____  │
└─────────────────────────────┘
```

Ziel:

Ziel:

| Maik | Auseinandersetzung | Maiks Mutter |

_____   _____

_____   _____

_____   _____

_____   _____

_____

Was heißt hier Vorurteil?

 Markiere die Schlüsselwörter in dem folgenden Informationstext und schreibe stichwortartig auf die Linien, welche Merkmale Vorurteile haben.

Ein Vorurteil ist ein vorab wertendes Urteil gegenüber Personen, Bevölkerungsgruppen, Ländern, Tieren oder Sachverhalten, das sich nicht auf eigene Erfahrung gründet.

Bei einem Vorurteil wird ungeprüft die Meinung einer oder mehrerer anderer Personen übernommen. Meistens enthalten Vorurteile eine Verallgemeinerung, z. B. „Alle Fledermäuse beißen". Häufig sind sie mit einer Abwertung anderer Menschen oder Gruppen verbunden. Oft ist es schwer, verfestigte Vorurteile wieder abzubauen.

1. vorab wertendes Urteil ohne eigene Erfahrung

2. _____

3. _____

4. _____

5. _____

„Alle Mädchen haben Angst vor Fledermäusen." Erkläre, wie Moritz zu diesem Vorurteil kommt und wie er es überwindet.

Welche Vorurteile kennst du bezogen auf Mädchen und Jungen? Schreibe sie auf.

Typisch Mädchen?   Typisch Junge?

_____   _____

_____   _____

_____   _____

_____   _____

Stimmen diese Vorurteile wirklich? Unterhaltet euch darüber in eurer Klasse.

Moritz' geheime Mission

 Am Ende des 5. Kapitels erhält Moritz einen geheimen Auftrag, der im 6. Kapitel in Gefahr gerät. Fülle das Schaubild aus. Lies gegebenenfalls noch einmal im Buch nach.

Auftraggeber:

_____

_____

GEHEIME MISSION

Auftrag:

_____

_____

_____

_____

in Gefahr durch Maiks Entdeckung:

_____

ERPRESSUNG

Wenn _____ ,

dann _____ .

 Wie gelingt es Maik am folgenden Tag, seiner Forderung Nachdruck zu verleihen? Schreibe in eigenen Worten auf die Linien.

_____

_____

Rollenspiel: 1. Muss Moritz wirklich Maiks Forderung nachkommen oder gibt es einen Ausweg? Tu dich mit einem Partner zusammen. Wählt eine der folgenden Möglichkeiten aus und entwickelt dazu einen Dialog. Spielt diesen der Klasse vor.

Was wäre, wenn …

… ich alles meiner Mutter erzählen würde?

… ich alles meinem Vater erzählen würde?

… ich Maik drohen würde, die Sache mit den Klassenlisten auffliegen zu lassen?

… ich einfach gar nichts machen würde?

Inhalt

(7) Die geplanten Ferien auf Teneriffa werden von Moritz' Vater infrage gestellt, da er auf einen Zeitungsbericht über illegale Einwanderung auf Teneriffa gestoßen ist und in seinem Urlaub nicht mit diesem Thema konfrontiert werden möchte. Moritz' Mutter entscheidet jedoch, dass sie reisen, zumal sie Oma Fliederbusch versprochen haben, sie zu besuchen. Hua leiht Moritz ihren Detektor für die Ferien auf Teneriffa, damit er dort die Laute der Fledermäuse hören kann.

(8) Als Moritz nachts im Garten mit dem Detektor eine Wasserfledermaus aufnehmen möchte, belauscht er auf dem Nachbargrundstück Maik mit seinen Freunden und erfährt, dass sie die Klassenlisten gesammelt haben. Diese sollen anonym der Polizei geschickt werden, sodass überprüft werden kann, ob alle ausländischen Familien auch offiziell gemeldet sind. Ausländerfeindliche Parolen machen unter den Freunden die Runde. Moritz wird entdeckt und Maik wird dafür verantwortlich gemacht, dass Moritz nichts weitererzählt.

Am nächsten Morgen fliegt Familie Schulte zu Oma Fliederbusch nach Teneriffa. In den folgenden Nächten begibt sich Moritz mit seiner Großmutter auf Fledermaus-Beobachtungstour zum Eingang einer Höhle oberhalb des Strandes. Eines Nachts werden sie Zeuge der Ankunft dreier Flüchtlingsboote. Die Flüchtlinge schleppen sich über den Strand bis in die Höhle. Moritz und seine Großmutter verstecken sich hinter einem Felsvorsprung, bis die Flüchtlinge vor Erschöpfung eingeschlafen sind. Zurück im Hotel bemerkt Moritz, dass er seinen Rucksack mit Huas Detektor und dem Aufnahmegerät in der Höhle liegen gelassen hat.

Er läuft zurück zur Höhle. Zunächst glaubt er, die Flüchtlinge seien alle weg. Doch dann stößt er auf einen Jungen, der ihm den Rucksack aushändigt. Sie verständi-

gen sich mit Gesten, weil der Fremde nur Französisch spricht: Der Flüchtlingsjunge hat Hunger und Moritz beschließt, ihn mit ins Hotel zum Frühstück zu nehmen. Vorher kleidet er ihn aber noch mit einem seiner T-Shirts und einer Hose ein.

(9) Am Frühstücksbuffet isst sich Ali – so heißt der Junge – richtig satt. Nach dem Frühstück entdeckt Maik den Flüchtlingsjungen am Aufzug und meint, er hätte Moritz' Kleidung aus dem gemeinsamen Hotelzimmer gestohlen. Ali rennt davon, wird aber vom Hotelportier aufgehalten. Die Polizei nimmt ihn mit. Da Maik den Polizisten verrät, dass Ali aus Mauretanien stammt, wird man ihn in sein Land zurückschicken können. Moritz macht deshalb seinen Bruder verantwortlich für Alis Abschiebung. Als Moritz' Vater am nächsten Morgen in der Zeitung liest, dass die Leiche eines zwölfjährigen Flüchtlingsjungen am Hotelstrand angetrieben wurde, befürchtet Moritz zunächst, dass es sich dabei um Ali handelt. Dieser hat nämlich bei seiner Abführung gesagt, er werde wiederkommen. Moritz beschuldigt Maik, für Alis Tod verantwortlich zu sein, was Maik zum Nachdenken bringt. Dann begreift Moritz jedoch, dass der Junge nicht Ali sein kann, da eine erneute Überfahrt von Mauretanien elf Tage dauern würde. Am Strand treffen Moritz und Maik ein Mädchen, das den fremden Toten im Meer gefunden hat. Gemeinsam errichten sie für den Jungen ein Denkmal aus Muscheln und Steinen.

Unterrichtsschwerpunkte

- Flüchtlinge
- Meinungsbildung
- Umgang mit Geschwistern
- Spannend erzählen

Zu den Kopiervorlagen

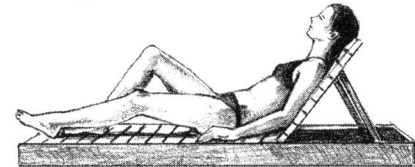

KV Seite 25 **Zu Hause ist's doch auch ganz schön …**

Der Urlaub auf Teneriffa ermöglicht Moritz nicht nur ein weiteres „Fledermauserlebnis", sondern auch einen „Blick über den Tellerrand", nämlich die direkte Konfrontation mit einem Flüchtlingsjungen. Das Arbeitsblatt kann zu Beginn der Unterrichtseinheit eingesetzt werden: Indem die Schüler eine Befragung mit Verwandten und Bekannten durchführen, tragen sie unterschiedliche Gründe für Urlaubsreisen zusammen. Falls der Platz in den Sprechblasen für die „Interviews" nicht reicht, werden zusätzliche Aussagen auf einem Extrablatt festgehalten. Die Ergebnisse können anschließend in der Klasse gesammelt und auf einem Plakat für die Gesamtbefragung zusammengetragen werden. Hiervon ausgehend kann mithilfe des Textes untersucht werden, warum Moritz sich auf den Urlaub auf Teneriffa freut. Fragen Sie nach der Lektüre des 9. Kapitels noch einmal nach, was der Urlaub tatsächlich für Moritz und seine Familie gebracht hat.

Mögliche Lösung
aus dem Alltag ausbrechen, (ungewöhnlichen) Hobbys nachgehen, Neues sehen, andere Menschen und Kulturen kennenlernen, eine andere Sprache hören oder sprechen, Natur erleben …

KV Seite 26 **Siebenmal W**

Durch die Beantwortung der W-Fragen zum Zeitungsbericht über die illegalen Immigranten aus Afrika im 7. Kapitel filtern die Schüler die wichtigsten Informationen heraus und nähern sich auf diese Weise der Flüchtlingsthematik. Gleichzeitig setzen sie sich mit der Textform „Zeitungsbericht" auseinander. Die Frage nach den Hintergründen der Flucht wird in dem Artikel nicht beantwortet. Eine allgemeine Antwort finden die Schüler in der sich anschließenden Textstelle (Seite 65/66). Weiterführende Informationen können sie selbstständig im Internet recherchieren und im Unterrichtsgespräch zusammentragen, z. B. auf den Homepages einiger großer Hilfswerke (*www.brot-fuer-die-welt.de; www.kindernothilfe.de; www.misereor.de; www.tdh.de; www.unicef.de; www.welthungerhilfe.de*). Unter *www.lehrer-online.de/kinderalltag-afrika.php* finden Sie eine Unterrichtsreihe zu diesem Thema für die Klassen 5 bis 7.

Da der Zeitungstext einige schwierige Fremdwörter enthält, ist es sinnvoll, dass die Schüler deren Bedeutung entweder selbstständig vor der Lektüre recherchieren oder an die Hand bekommen:

- Immigranten = Einwanderer; Menschen, die ihren bisherigen Wohnort verlassen und sich in einem anderen Land für längere Zeit niederlassen
- illegal = gesetzeswidrig, ungesetzlich, ohne behördliche Genehmigung
- Patrouillenboote = leicht bewaffnete Polizeistreifenboote. Sie werden z. B. gegen illegale Einwanderer eingesetzt.
- Minderjährige = Personen unter 18 Jahren (in Deutschland). Sie stehen unter einem besonderen gesetzlichen Schutz und haben eingeschränkte Rechte und Pflichten.

Mögliche Lösung
Wer? 121 illegale Immigranten, darunter Minderjährige
Was? zwei Flüchtlingsboote aufgegriffen
Wo? Los Christianos, Teneriffa (Südküste)
Wann? gestern Vormittag bzw. Nachmittag
Wie? Flüchtlingsboote von der mauretanischen Küste gestartet, vor der Südküste vom Radar lokalisiert, anschließend von Patrouillenbooten in den Hafen geschleppt
Welche Folgen? kanarische Regierung hat Mauretanien Hilfe und Unterstützung angeboten; Überwachung/Kontrolle der Immigranten
Warum? steigende Immigrantenzahlen, da größere, stabile Boote

Mögliche Fluchtmotive:
keine Arbeit, Hunger, Perspektivlosigkeit, Verfolgung aus politischen oder religiösen Gründen …

KV Seite 27 **Maiks Clique**

Maiks Freunde haben eine festgelegte Meinung über die illegalen Mitbürger, die auf den Seiten 71/72 zum Ausdruck kommt. Die Schüler sind mit diesem Arbeitsblatt aufgefordert, einen eigenen Standpunkt zu beziehen. Diese Meinungen können in einem Gespräch ausgetauscht und um weiterführende Informationen (z. B. unter *www.proasyl.de/thema/rassismus/fakten-gegen-vorurteile/* oder *www.sueddeutsche.de/thema/Flüchtlinge_gegen_Vorurteile*) ergänzt werden. Auch das Thema „Vorurteile" (siehe KV „Was heißt hier Vorurteil?", Seite 19) kann in diesem Zusammenhang noch einmal aufgegriffen werden.

Mögliche Lösung
Moritz beurteilt Menschen danach, ob sie sein Hobby teilen oder nicht. Die Nationalität spielt dabei keine Rolle. Außerdem ist er mit Hamid und Hua befreundet und kennt

sie persönlich. Maiks Clique bemüht sich gar nicht, Menschen anderer Nationalität kennenzulernen, sondern lehnt „die Illegalen" aufgrund von Vorurteilen grundsätzlich ab.

 KV Seite 28

Flüchtlinge aus Mauretanien

Hier sollen die Schüler das Ausmaß der Flucht von Afrika nach Europa anhand von geografischen Angaben einschätzen lernen. Die für die Bearbeitung der Aufgaben nötigen Informationen können sie einem Atlas und dem Buch (Seite 86 – 89) entnehmen.

Lösung

Mauretanien: eines der ärmsten Länder der Welt, fast dreimal so groß wie Deutschland, trockenheißes Wüstenklima, offizielle Sprachen: Arabisch und Französisch
Teneriffa: größte der Kanarischen Inseln, lebt hauptsächlich vom Tourismus, gehört zu Spanien (Europa), ganzjährig milde Temperaturen

Die Überfahrt von Afrika nach Teneriffa dauert etwa elf Tage. Sie ist gefährlich. Es gibt oft nicht genug zu essen und zu trinken. Auf dem Boot ist es sehr eng. Tagsüber ist es zu heiß und nachts zu kalt.

 KV Seite 29

Da kommt Spannung auf!

Je nach Kenntnisstand können die Schüler zunächst im Unterrichtsgespräch selbst sprachliche Mittel zur Erzeugung von Spannung nennen, die dann an der Tafel gesammelt werden. Teilen Sie anschließend das Arbeitsblatt aus. Hier finden die Schüler in der Textstelle von Seite 82/83 Beispiele, die sie den in der Tabelle vor-

gegebenen Kategorien zuordnen. Danach übertragen sie die Mittel auf eine eigene kurze Erzählung, die gegebenenfalls anschließend in der Klasse vorgetragen und „analysiert" werden kann.

Lösung

Adjektive/Adverbien	Verben	Sinneswahrnehmungen	Gefühle/Befindlichkeiten	Zeitdehnung („Zeitlupe")
• plötzlich • erschrocken • große, entsetzte (Augen)	• duckte sich • spähte umher • kroch • sprang auf	• als er plötzlich ein Geräusch hörte • Es war nichts zu sehen und auch nichts mehr zu hören. • mit einem Schrei	• Am liebsten wäre Moritz aus der Höhle gelaufen. • Er schwitzte vor Angst.	• Millimeter für Millimeter • Noch einmal schaute er sich um.

 KV Seite 30

Ali im Hotel

Die spannende Stelle im Hotel wird auf diesem Arbeitsblatt sprachlich untersucht. Der von der Autorin verwendete Vergleich zur Beschreibung des Gefühls des Flüchtlingsjungen angesichts des Buffets wird zum Anlass genommen, um über dieses Bild und seine Funktion zu sprechen. Bevor die Schüler das Schlaraffenland malen, sollte sichergestellt sein, dass alle die Geschichte kennen. Lesen Sie gegebenenfalls einleitend eine Version des Märchens vor.

Anschließend geht es um die Bewertung von Moritz' Verhalten – unter Berücksichtigung der Folgen für Ali. Durch das Finden von Adjektiven erweitern die Schüler ihren Wortschatz. In einer anschließenden Begründung ihrer Auswahl bringen sie ihre eigene Meinung zum Ausdruck.

Weiterführend bietet es sich an, die Szene in der Klasse spielen zu lassen. Auch Alternativsituationen (z. B. „Was wäre passiert, wenn die beiden Jungen Maik nicht begegnet wären?") können entwickelt und szenisch umgesetzt werden.

 KV Seite 31

Zwei Seiten einer Medaille

Die beiden Touristen, die im Buch (Seite 91/92) ihre Meinung äußern, repräsentieren zwei Sichtweisen auf die Flüchtlingsproblematik. Die Schüler setzen sich damit auseinander, indem sie diesen beiden Positionen weiterführende Aussagen zuordnen und anschließend dazu Stellung beziehen.

Die Aussagen des Touristen (Meinung 1) sind von einem wirtschaftlichen, egoistischen Denken geprägt, das sich innerhalb nationaler Grenzen („Festung Europa") bewegt. Die Aussagen der Touristin (Meinung 2) spiegeln eine altruistische Sichtweise wider: das Bemühen, sich in die Lage der Flüchtlinge hineinzuversetzen, und das Bedürfnis zu helfen. Hier zeigt sich ein globalerer Blick auf die Problematik, im Sinne der „Einen Welt".

Lösung

(1) Sollen die doch erst mal zusehen, dass sie bei sich im Land etwas auf die Beine stellen.

(2) Wir haben großes Glück, dass es uns hier relativ gut geht.

(2) Menschen, die unter großen Gefahren ihre Heimat und Familie verlassen, muss es wirklich schlecht gehen.

(1) Bei uns gibt es schon genug Menschen, denen es schlecht geht.

(1) Ich arbeite hart und will mir für mein Geld wenigstens ab und zu was leisten können.

(2) Natürlich können wir nicht allen helfen, aber wir dürfen vor dem Elend auch nicht die Augen verschließen.

(2) Die Flüchtlinge wollen uns nichts tun oder wegnehmen – sie sind Opfer und Schutzbedürftige.

(1) Wir können nicht die ganze Welt retten.

Gesprächs- und Schreibanlässe

E-Mail an Oma Fliederbusch

Kurz vor dem Urlaub auf Teneriffa ist bei Moritz noch einiges los. Davon muss er gleich Oma Fliederbusch in einer E-Mail berichten. Verfasse diese E-Mail. Die folgenden Stichwörter helfen dir dabei:

• Urlaub kurzfristig in Gefahr
• Nistkästen → Projektwoche
• Detektor von Hua

„Wehe, du erzählst irgendjemandem von heute Abend!"

Nachdem Maiks Clique Moritz im Garten erwischt, kann dieser lange nicht einschlafen. Zu sehr hat ihn das Erlebnis mit Maik mitgenommen. Schließlich setzt er sich an seinen Schreibtisch und schreibt sich seine Gedanken und Gefühle von der Seele. Verfasse diesen Tagebucheintrag.

Bin ich etwa wirklich schuld?

Durch einen Zeitungsbericht erfährt Familie Schulte vom Tod eines Flüchtlingsjungen, der kurz vor der Küste Teneriffas ertrunken ist.

Moritz wirft Maik vor, schuld an dessen Tod zu sein, und nennt ihn sogar einen Mörder. Maik denkt darüber nach. Schreibe einen inneren Monolog, der verdeutlicht, was in Maiks Kopf vorgeht.

Kreativ aktiv

Was ist ein Detektor?

Informiere dich, was ein Detektor ist und wie er funktioniert. Erstelle ein Plakat, das deine Informationen anschaulich darstellt. Verwende auch Zeichnungen und / oder Fotos bzw. Bilder aus dem Internet.

Die Ankunft der illegalen Flüchtlinge

Moritz und Oma Fliederbusch sitzen am Rand der Klippen, als die illegalen Flüchtlinge aus Afrika ankommen. Findet euch in Dreier- bis Fünfergruppen zusammen und spielt die gesamte Szene von der Ankunft der Flüchtlinge bis zum Verstecken in der Höhle (Buch, Seite 79 – 81) pantomimisch nach.

Eine Gedenkstätte aus Steinen und Muscheln

Moritz, Maik und ein junges Mädchen errichten für den ertrunkenen Flüchtlingsjungen ein Denkmal aus Steinen und Muscheln. Male dieses Denkmal.

Zu Hause ist's doch auch ganz schön …

✏️ ➤ Hast du dir schon einmal Gedanken gemacht, warum Menschen in Urlaub fahren?
Führe eine Befragung – z. B. mit Freunden, Eltern, Großeltern oder Nachbarn – durch
und notiere deine Ergebnisse in die Sprechblasen.

Ich möchte mich im Urlaub erholen. Auf Teneriffa lege ich mich z. B. an den Strand.

Moritz' Vater, Erzieher, etwa 45 Jahre

Urlaub – warum?

✏️ ➤ Schreibe die genannten Gründe stichwortartig auf die Linien.

Gründe, um in Urlaub zu fahren:

Erholung

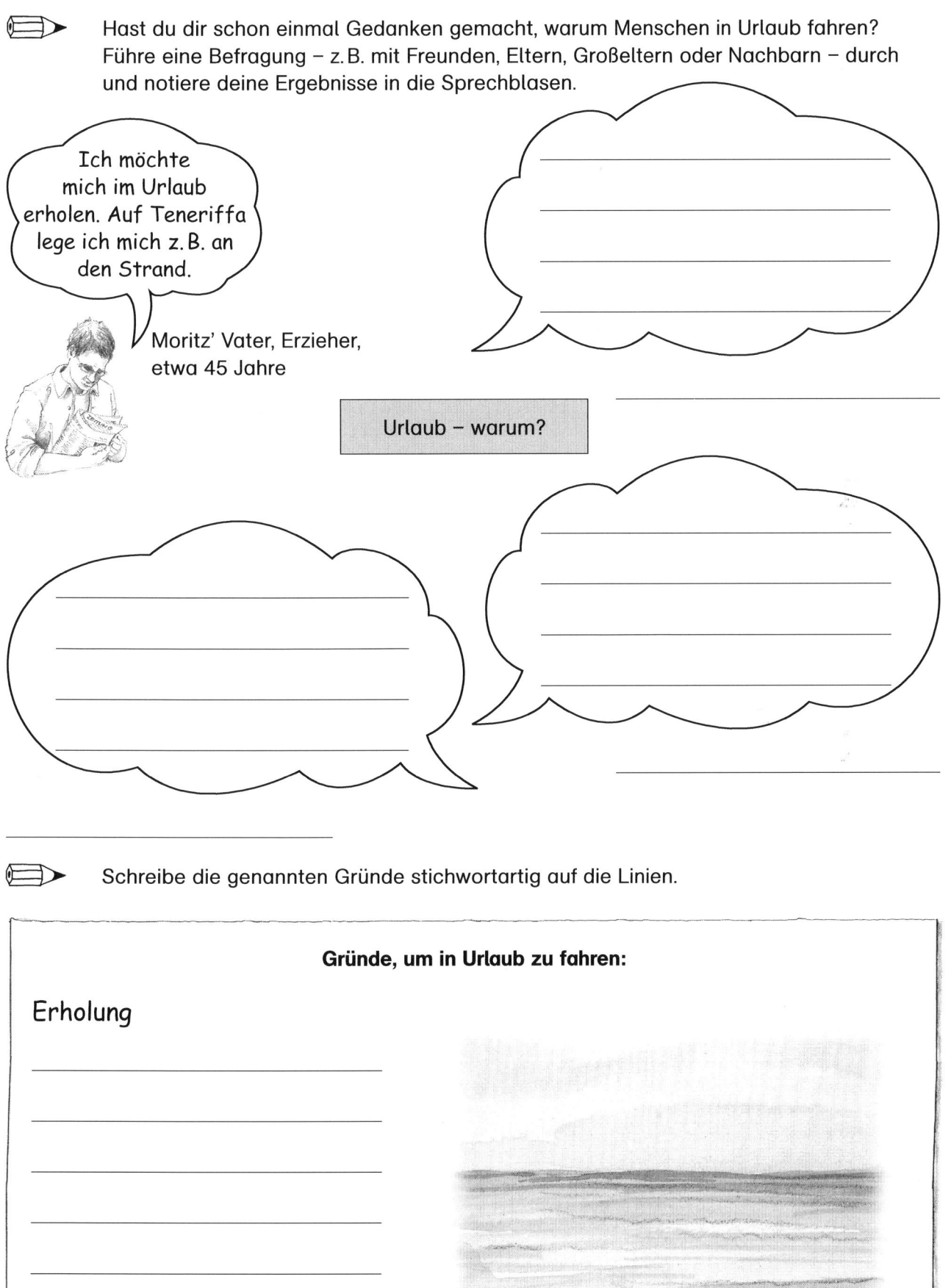

Siebenmal W

Ein Zeitungsbericht gibt Antworten auf zentrale Fragen, die sogenannten W-Fragen.

✏️ Beantworte die W-Fragen stichwortartig mithilfe des Zeitungsberichts auf Seite 64.

Wer war am Geschehen beteiligt? → Angaben zu den Personen	121 illegale Immigranten, darunter Minderjährige
Was ist passiert? → das Hauptereignis	
Wo ereignete sich der Vorfall? → Ort des Geschehens	
Wann ereignete sich der Vorfall? → Zeitangabe	
Wie hat sich das Geschehen abgespielt? → Ablauf des Geschehens in Einzelheiten	
Welche Folgen hatte das Geschehen?	
Warum geschah es? → Hintergründe: Ursachen und Motive	

 Was könnten die Gründe dafür sein, dass Menschen auf Booten ihr Land verlassen und dabei ihr Leben aufs Spiel setzen? Diese wichtige Frage wird in dem Bericht nicht beantwortet. Notiere Möglichkeiten und tausche dich mit deinen Mitschülern aus.

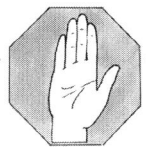

Maiks Clique

Maik und seine Freunde haben eine Liste mit allen ausländischen Namen von den Klassenlisten erstellt. Diese wollen sie anonym der Polizei schicken, damit diese die illegalen Schüler und deren Familien finden kann.

 Hier sind einige Aussagen von Maiks Freunden zu den illegalen Mitbürgern.
Nimm begründet dazu Stellung.

> Man sollte die alle zurück in ihre Heimatländer schicken. Hierher gehören sie nicht.

> Niemand darf auf unsere Kosten hier leben. Das sind doch alles Schmarotzer!

> Wir helfen der schwarzen Sarah doch nicht, damit sie später einem von uns den Arbeitsplatz wegnehmen kann!

_____

_____

_____

_____

 Warum spielt Hamid für Moritz eine Rolle, aber nicht für Maik und seine Freunde?
Nimm begründet Stellung.

> Warum sollen wir diese Hamids und Olgas kennenlernen?

> Hamid ist ein super Fußballer. Er mag Fledermäuse, wie ich.

Flüchtlinge aus Mauretanien

 Trage folgende Länder,
Städte, Inseln und Meere
in die Karte ein.
Sieh gegebenenfalls
in einem Atlas nach.

Atlantischer ~~Ozean~~   Westsahara

Spanien   Marokko

Nouadhibou   Teneriffa

Mali   Mauretanien

Mittelmeer   Algerien

Atlantischer
Ozean

 Ordne die Informationen über Mauretanien und Teneriffa richtig zu.
Schreibe in die entsprechenden Kästen.

fast dreimal so groß wie
Deutschland

ganzjährig milde
Temperaturen

offizielle Sprachen:
Arabisch und Französisch

gehört zu Spanien
(Europa)

größte der
Kanarischen Inseln

lebt hauptsächlich
vom Tourismus

eines der ärmsten
Länder der Welt

trockenheißes
Wüstenklima

Mauretanien

_____

_____

_____

_____

Teneriffa

_____

_____

_____

_____

 Was erfährst du im Buch über die Dauer der Überfahrt und die Bedingungen auf den
Schiffen? Schreibe in dein Heft.

Da kommt Spannung auf!

Moritz geht zurück in die Höhle, um seinen Rucksack mit dem Detektor zu holen, den er dort vergessen hat.

✏ Unterstreiche Wörter bzw. Sätze, mit denen hier Spannung erzeugt wird. Ordne sie dann entsprechend unten in die Tabelle ein.

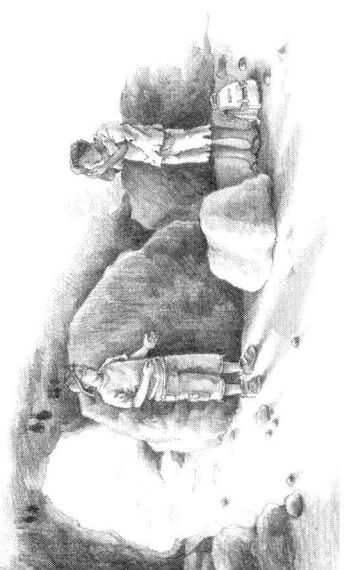

Aber die Höhle war leer – bis auf die Fledermäuse, die friedlich an der Höhlendecke schliefen. Moritz ging zu dem Felsbrocken, hinter dem sein Rucksack stehen musste, als er plötzlich ein Geräusch hörte. Erschrocken duckte er sich und spähte umher. Es war nichts mehr zu sehen und auch nichts mehr zu hören. Am liebsten wäre Moritz aus der Höhle gelaufen. Er schwitzte vor Angst. Millimeter für Millimeter kroch er auf allen vieren weiter zum Felsen. Noch einmal schaute er sich um. Nichts. Er kroch um den Felsen herum – und sprang mit einem Schrei auf: Große, entsetzte Augen blickten ihn an!

Adjektive / Adverbien	Verben	Sinneswahrnehmungen	Gefühle / Befindlichkeiten	Zeitdehnung („Zeitlupe")

✏ Stell dir vor, du hast wie Moritz irgendwo etwas liegen gelassen und holst es zurück. Schreibe zu dieser Situation eine kurze Szene in dein Heft. Versuche möglichst spannend zu erzählen.

Ali im Hotel

Weil Ali Hunger hat, nimmt Moritz ihn mit ins Hotel.

Ali steht im Speisesaal einfach nur staunend da: „Der Flüchtling (…) fühlte sich wahrscheinlich wie im Schlaraffenland." (Seite 86)
Wie sieht es im „Schlaraffenland" aus? Male und beschreibe.

Wie fühlt sich Ali also? Warum drückt sich die Autorin so „umständlich" aus? Versuche zu erklären.

Vergleiche sind Bilder, die verwendet werden, damit sich der Leser z.B. ein Gefühl, eine Figur oder eine Situation in einer Geschichte besser vorstellen kann. Dabei werden mithilfe des Vergleichswortes „wie" zwei Bedeutungsbereiche miteinander verknüpft.

Wie kann man Moritz' Vorgehen noch beurteilen? Finde weitere passende Adjektive.

blauäugig   hilfsbereit

Moritz' Vorgehen ist …

Wie findest du persönlich Moritz' Vorgehen? Begründet eure Auswahl.

Dass Moritz Ali mit ins Hotel genommen hat, finde ich hilfsbereit, denn …

Zwei Seiten einer Medaille

Nachdem Ali in der Eingangshalle des Hotels von der Polizei festgenommen wurde, äußern ein Tourist und eine Touristin ihre Meinung zu den illegalen Flüchtlingen.

Meinung 1

„Das stellen die sich in Afrika alle so leicht vor. Als ob hier die gebratenen Hühner auf der Straße liegen. Das ist bei uns zu Hause mit den vielen Ausländern auch nicht anders. Und am Ende kriegen sie Hartz IV – und wer muss sie dann durchfüttern? Ich und alle anderen, die hart arbeiten. Und wenn ich dann zur Erholung fahre und meine wohlverdienten paar Urlaubstage genießen will, dann liegen am Strand statt Muscheln Schwarze, illegale Flüchtlinge. Dabei soll man sich erholen? Ich hab im Prinzip nichts gegen deinen schwarzen Freund, aber nicht an meinem Strand. Und außerdem, glaub mir, der wird glücklicher, wenn er erst mal bei sich zu Hause Arbeit sucht."

Meinung 2

„Solange es reiche und arme Länder gibt, werden sie immer wiederkommen. Hier und auch bei uns zu Hause. Nicht, weil sie uns das Leben schwer machen wollen, sondern weil sie verzweifelt sind."

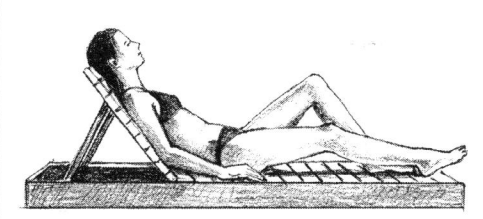

✏️▶ Welcher der beiden Personen traust du die folgenden Aussagen eher zu?
Schreibe die passende Zahl – 1 oder 2 – in die Kreise.

◯ Sollen die doch erst mal zusehen, dass sie bei sich im Land etwas auf die Beine stellen.

◯ Wir haben großes Glück, dass es uns hier relativ gut geht.

◯ Menschen, die unter großen Gefahren ihre Heimat und Familie verlassen, muss es wirklich schlecht gehen.

◯ Bei uns gibt es schon genug Menschen, denen es schlecht geht.

◯ Ich arbeite hart und will mir für mein Geld wenigstens ab und zu was leisten können.

◯ Natürlich können wir nicht allen helfen, aber wir dürfen vor dem Elend auch nicht die Augen verschließen.

◯ Die Flüchtlinge wollen uns nichts tun oder wegnehmen – sie sind Opfer und Schutzbedürftige.

◯ Wir können nicht die ganze Welt retten.

👥 Wodurch unterscheiden sich die beiden Sichtweisen der Flüchtlingsproblematik?
Wie steht ihr dazu? Sprecht darüber.

Inhalt

(10) Am letzten Morgen vor dem Rückflug nach Deutschland unterhält sich Moritz mit Oma Fliederbusch über die illegalen Flüchtlinge und die Listen, die Maiks Clique verschickt hat. Dabei kommt ihm auf einmal der erschreckende Gedanke, dass auch seine Freundin Hua illegal in Deutschland sein könnte.

Zurück aus dem Urlaub macht er sich sofort auf den Weg zu Hua, die er ganz allein zu Hause vorfindet. Sie berichtet, dass ihre Eltern ganz plötzlich nach Schanghai fliegen mussten, um dort nach der kranken Großmutter zu schauen. Der ältere Bruder, der eigentlich auf sie aufpassen sollte, sei durch den Garten geflohen, als die Polizei vor der Tür gestanden habe. Seitdem habe sie nichts mehr von ihm gehört. Das ist für Moritz der Beweis, dass auch Hua illegal in Deutschland ist. Als in dem Moment die Polizei ein zweites Mal vor der Tür steht und klingelt, versteckt Moritz Hua auf dem Dachboden des Erdbeerhofs, der bis zum Umzug noch unbewohnt ist – sieht man einmal von den Fledermäusen ab, die Hua Gesellschaft leisten. Als er am Abend nach Hause kommt, erwarten Moritz auch hier schlechte Nachrichten: Eine Umgehungsstraße soll genau dort gebaut werden, wo der Erdbeerhof steht.

(11) Am nächsten Tag fehlt Moritz' bester Freund Artur in der Schule. Als Moritz ihm die Hausaufgaben vorbeibringen will, erfährt er, dass Arturs Familie illegal in Deutschland war und aufgrund einer Anzeige bei der Ausländerbehörde für immer den Ort verlassen musste. Auf dem Rückweg sieht Moritz bei Hua auf dem Erdbeerhof vorbei und ist sehr erschrocken, als er sie erst nicht auf dem Dachboden antrifft. Doch Hua geht es gut. Um sich die Zeit zu vertreiben, hat sie beschlossen, Fledermausbilder für die Präsentation des Projekts zu zeichnen. Da kommt Maik vorbei, den die Eltern geschickt haben, um Moritz zu suchen. Hua versteckt sich und Moritz macht Maik aufgebracht für Arturs Flucht verantwortlich. Am Abend entschuldigt sich Maik bei seinem Bruder wegen der Listen.

(12) Moritz wird krank und kann Hua in ihrem Versteck auf dem Gutshof nicht mehr mit Essen versorgen. Nach einigem Überlegen bittet er seine Schwester Melanie, dies für ihn zu erledigen. Als Melanie nach einigen Stunden noch nicht wieder zurück ist, fährt Moritz zum Gutshof und findet Hua und Melanie auf dem Dachboden: Sie versorgen gemeinsam ein Fledermausbaby, das in Huas Bett geboren wurde. Melanie hat ihre Angst vor Fledermäusen überwunden.

Da niemand erfahren darf, dass Hua sich auf dem Erdbeerhof versteckt hält, bringt Melanie das Fledermausjunge und seine Mutter zu Moritz' Klassenlehrer Herrn Piepke und sagt, dass ihr Bruder beide gefunden und versorgt habe. Herr Piepke ist begeistert und empfängt Moritz, der am nächsten Tag wieder in die Schule gehen kann, mit der Nachricht, dass er am „Tag der offenen Tür" von seinem Fledermausprojekt und der Rettungsaktion berichten soll. Moritz hat ein ungutes Gefühl, weil er für etwas gelobt wird, das er gar nicht gemacht hat.

(13) Moritz' Vater liest am nächsten Morgen in der Zeitung, dass der Bau einer Autobahn gestoppt werden musste, weil die Straße durch ein Fledermausgebiet führen würde. Moritz hofft, dass die 200 Fledermäuse auf dem Dachboden des Gutshofs ausreichen, um auch den Bau der Umgehungsstraße zu verhindern. Melanie hat sich inzwischen mit Hua angefreundet. Da es angeblich wirkungsvoller ist, wenn ein Mädchen über Fledermäuse berichtet, überreden Moritz und Melanie Hua, die Rede am „Tag der offenen Tür" zu halten. Sie helfen ihr bei der Vorbereitung.

Am „Tag der offenen Tür" erscheint Moritz' Mutter zusammen mit Huas Vater in der Schule, der erklärt, dass die Familie seit 20 Jahren mit deutschem Pass in Deutschland lebt. Huas Bruder sei nur vor der Polizei geflohen, weil er in eine „dumme Sache" hineingeraten sei. Inzwischen habe er sich aber gemeldet.

Kurz vor seinem „Auftritt" tut Moritz so, als sei er plötzlich wieder heiser, damit Hua die geplante Rede halten kann. Sie berichtet auch über die Zweifarbfledermäuse auf dem Gutshof, die geschützt werden müssen. Alle sind begeistert – sogar Moritz' Mutter und seine Mitschüler.

Unterrichtsschwerpunkte

- Asylrecht
- Flüchtlinge
- Freundschaft
- Geschwister
- Aufbau des Buches

Zu den Kopiervorlagen

Flüchtlinge

Laut dem jährlichen Statistikbericht „Global Trends 2015" des Flüchtlingshilfswerks der Vereinten Nationen (UNHCR) mussten bis Ende 2015 65,3 Millionen Menschen ihre Heimat verlassen. Damit erreichte die Zahl der durch Konflikte und Verfolgung von Flucht und Vertreibung betroffenen Menschen ein trauriges Rekordniveau. Sie entspricht in etwa den Einwohnerzahlen von Großbritannien oder Frankreich.

Seit Mitte der 1990er Jahre haben Flucht und Vertreibung in den meisten Regionen weltweit stetig zugenommen. Seit 2010 jedoch schnellten die Zahlen rasant nach oben. Dafür gibt es drei Gründe:
– Flüchtlingssituationen aufgrund von lang anhaltenden Konflikten (Somalia, Afghanistan)
– Zunahme neuer oder wieder aufflammender Konflikte (Syrien, Südsudan, Jemen)
– Seit Ende des Kalten Krieges lassen effektive und dauerhafte Lösungen immer länger auf sich warten.
Weitere Gründe für Flucht und Migration sind vielfältig: politische, religiöse oder ethnische Verfolgung, Armut, Umweltkatastrophen und Klimawandel.

Mit 4,9 Millionen Flüchtlingen aus Syrien, 2,7 Millionen aus Afghanistan sowie 1,1 Millionen aus Somalia kommen laut Bericht „Global Trends 2016" die Hälfte aller Flüchtlinge unter UNHCR-Mandat aus nur diesen drei Ländern.

Für das Recht auf Asyl sind vor allem zwei Bestimmungen relevant: die Genfer Flüchtlingskonvention von 1951 sowie das Dubliner Übereinkommen der EU von 1990.

Im deutschen Grundgesetz ist das Asylrecht in Artikel 16a geregelt. Das Asylgesetz (AsylG) regelt das Asylverfahren in der Bundesrepublik Deutschland und konkretisiert damit diesen Artikel. Eine Verschärfung des Asylgesetzes erfolgte im Zuge der Flüchtlingskrise 2015.

Entscheidend für die Ablehnung vieler Asylanträge von Flüchtlingen in Deutschland ist die sogenannte „Drittstaatenregelung". Ist ein Flüchtling über ein anderes Land der Europäischen Union oder ein anderes sicheres Drittland eingereist, kann er sich streng genommen nicht auf das deutsche Asylrecht berufen. Menschen, deren Antrag in einem europäischen Land bereits abgelehnt wurde, haben außerdem nicht das Recht, in einem anderen europäischen Land erneut einen Antrag zu stellen.

 **Flüchtlinge**

Die Flüchtlingsproblematik ist ein thematischer Schwerpunkt des Buches, der mithilfe der folgenden Kopiervorlagen aufgearbeitet werden kann. Welche Arbeitsblätter dabei zum Einsatz kommen, hängt davon ab, wie intensiv Sie die Thematik im Unterricht aufgreifen wollen.

Das vorliegende Arbeitsblatt kann zur Überprüfung der Textkenntnis nach der Lektüre des 11. Kapitels eingesetzt werden. Die Schüler ordnen passende Satzanfänge und -enden einander zu und schreiben die vollständigen Sätze richtig auf. Dadurch verschaffen sie sich noch einmal einen Überblick über die im Text enthaltenen Informationen zum Thema „Flüchtlinge". Die Lösungen können mithilfe des Buches selbstständig überprüft werden. Geben Sie dazu gegebenenfalls die passenden Seitenzahlen vor: 64, 86–92, 100–102, 110–112.

Das Zitat regt zu einer weiterführenden Diskussion über die Flüchtlingsthematik an, in der die Schüler ihr Wissen einbringen können.

Lösung

Die Flüchtlinge wollen Arbeit finden. Um in Deutschland bleiben zu können, braucht man eine Aufenthaltsgenehmigung. Wenn die Eltern keine Aufenthaltsgenehmigung haben, gelten auch in Deutschland geborene Kinder als „Illegale". Flüchtlinge ohne Einreisegenehmigung werden zunächst in einem Flüchtlingscamp/Auffanglager untergebracht. In Deutschland gibt es nach Schätzungen bis zu 500 000 Illegale. Nach Bootsflüchtlingen wird mit Radar gesucht. Illegale Flüchtlinge haben keinen Pass und keine Krankenversicherung. Nach Deutschland kommen die meisten Flüchtlinge aus Syrien, Afghanistan und dem Irak.

 Flüchtlinge wollen nach Europa
Was ist Asyl?

Mithilfe der beiden Informationstexte erwerben die Schüler weiterführendes Wissen zu den Themen „Asyl" und „Flüchtlinge". Als Form der Erarbeitung und Vermittlung bietet sich die Partnerpuzzlemethode an. Diese erfolgt in drei Phasen:

In der Lernphase I setzen sich Expertenpaare mit einem der beiden Infotexte auseinander. Es gibt also Expertenpaare A und B. Jedes Expertenteam erledigt in dieser Phase drei Arbeitsaufträge:

a) Der betreffende Text (A oder B) wird gemeinsam gelesen und anschließend Wichtiges unterstrichen.

b) Die Lernpaare schneiden die Stichpunkt-Kärtchen aus und bringen sie in eine sinnvolle Reihenfolge. Anhand der Kärtchen erklären sich die Lernpartner gegenseitig das Gelesene.

c) Die Lernpartner beantworten gemeinsam die Fragen zum Text und ergänzen gegebenenfalls weitere Fragen.

In der Lernphase II werden Puzzlepaare gebildet, die jeweils aus einem Experten A und einem Experten B bestehen. In dieser Paarung vermitteln die Lernpartner einander die in Phase I erworbenen Informationen:

a) Experte A erklärt mithilfe der Kärtchen den Lernstoff des Textes A und stellt seinem Lernpartner zur Sicherung seine Fragen.

b) Experte B erklärt mithilfe der Kärtchen den Lernstoff des Textes B und stellt seinem Lernpartner zur Sicherung seine Fragen.

In der Lernphase III kann eine weitere Vertiefung erfolgen, z. B. in Form einer Moderation der Kindernachrichten zum Thema „Flüchtlinge wollen nach Europa" oder „Was ist Asyl?". Hier können auch Informationen aus dem Buch mit eingeflochten werden.

Das Recht zu bleiben?

Anhand der beiden Kopiervorlagen können sich die Schüler vertiefend mit der Flüchtlingsproblematik auseinandersetzen. Grundlage für die Entscheidung „Bleiben oder nicht?" (KV Seite 41, Aufgabe 2) sind neben den Gesetzestexten die beiden Informationstexte auf den Seiten 38/39. Ergänzend zu der Grafik können ganz aktuelle Daten über die Anzahl der Asylanträge einbezogen werden. Diese gingen Anfang 2017 im Vergleich zum Vorjahr stark zurück. Gründe dafür waren u. a. der Beschluss, Afghanistan zu einem „sicheren Herkunftsland" zu erklären, die weitgehende Schließung der Balkanroute sowie das Flüchtlingsabkommen mit der Türkei. Weiterführende Informationen, Statistiken und Gesetzestexte finden Sie im Internet unter *www.pro-asyl.de*, *www.unhcr.de* und auf der Homepage des Bundesamts für Migration und Flüchtlinge *www.bamf.de*.

Mögliche Lösung

(Seite 40)

Ali ist kein Flüchtling im Sinne der Definition der Genfer Konvention, da er in seiner Heimat nicht verfolgt wird bzw. sein Leben nicht akut bedroht ist.

Alis Vater könnte in Deutschland im Sinne der „Drittlandregelung" kein Asyl beantragen. Dieses müsste er in Spanien versuchen. Aus o. g. Gründen würde sein Antrag hier aber wahrscheinlich nicht anerkannt werden.

(Seite 41)
Anhand der Statistik lassen sich folgende Entwicklungen beobachten: Anfang der Neunzigerjahre gab es einen starken Anstieg der Asylanträge (durchlässige Grenze zu Osteuropa nach dem Mauerfall, Bürgerkrieg in Jugoslawien). Nach einer Verschärfung des Asylgesetzes im Jahr 1993 und mehreren Überarbeitungen des Zuwanderungsgesetzes sanken die Zahlen bis 2008 kontinuierlich. Seitdem nahm die Anzahl der eingereichten Anträge wieder zu (Hauptgründe: keine Visumspflicht für mehrere Balkanstaaten, Verschlechterung der Sicherheitslage in Afghanistan, Bürgerkrieg in Syrien) und erreichte in den Jahren 2015 und 2016 einen deutlichen Höhepunkt. Hintergrund war die Entscheidung von Bundeskanzlerin Angela Merkel im September 2015, die Grenze für Flüchtlinge zu öffnen, die in Ungarn festsaßen. In der Folge reisten Zehntausende nach Deutschland ein. Im Anschluss wurden viele Anträge im Schnellverfahren entschieden; etwa jeder Zweite erhielt einen besonderen Schutzstatus, darunter vor allem syrische Flüchtlinge.

Tarak wird eine Einreisegenehmigung bekommen, da er nachweisen kann, dass er in Deutschland einen Arbeitsplatz hat.

Salif ist über ein anderes europäisches Land eingereist und müsste seinen Antrag auf Asyl in Spanien stellen. Zudem ist er kein politischer Flüchtling im eigentlichen Sinne.

Samira wird politisch verfolgt. In ihrer Heimat ist ihr Leben in Gefahr. Deshalb hat sie – sofern sie diese Bedrohung nachweisen kann – gute Chancen, dass ihr Antrag auf Asyl (im Sinne des Grundgesetzes) anerkannt wird.

Artur hat schlechte Chancen, eine Einreisegenehmigung zu bekommen – es sei denn, er würde sich von Russland aus eine Arbeit besorgen.

Freundschaft ist …
Freundschaften spielen in der Geschichte eine wichtige Rolle. Anhand des Fragebogens machen sich die Schüler Gedanken darüber, was Freundschaft für sie bedeutet. Die Ergebnisse werden ausgewertet und auf einem Plakat sichtbar gemacht. Dieses kann Grundlage für ein Unterrichtsgespräch über das Thema sein. Weiterführend können die Freundschaften im Buch genauer unter die Lupe genommen werden: Wer ist befreundet? Was zeichnet diese verschiedenen Freundschaften aus?

Geben Sie den Schülern Hilfestellungen für die Auswertung der Fragebögen an die Hand. Es bietet sich an, die Bögen nach Jungen und Mädchen getrennt auszuwerten. Gibt es Unterschiede?

Geschwisterliebe?
Mithilfe dieser Kopiervorlage kann nachvollzogen werden, wie sich Moritz' Verhältnis zu seinen Geschwistern im Laufe der Lektüre verändert. Die Ergebnisse können Sie in einem Tafelbild oder auf einer Folienkopie festhalten.

Mögliche Lösung
Melanie:
• hilft Moritz, Hua in ihrem Versteck zu versorgen
• informiert Herrn Piepke wegen des Fledermausbabys
• besorgt Mehlwürmer für die Fledermausmutter
• plant und feilt mit an Huas Fledermausrede

Maik:
• hilft mit beim Bau des Muscheldenkmals für den toten afrikanischen Jungen
• sieht ein, dass die Idee mit den Listen nicht gut war
• entschuldigt sich bei Moritz
• bringt Hua mit dem Motorroller zur Schulveranstaltung (und nicht zur Polizei)

Showdown am „Tag der offenen Tür"
In Kleingruppen von drei bis vier Schülern werden die Ergebnisse des Fledermausprojekts und die Erlebnisse auf dem Dachboden wiederholt und in Form einer kurzen Rede bzw. eines kurzen Zeitungsartikels umgesetzt. Je nach Kenntnisstand der Schüler sollten dafür noch einmal grundlegende Regeln für das Verfassen eines Zeitungsberichts (siehe auch KV „Siebenmal W", Seite 26) wiederholt werden. Auch bezüglich des Verfassens und Vortrags einer Rede können vorab gemeinsam Überlegungen angestellt werden. Beide Gruppenarbeiten können erweitert werden (z. B. durch Informationen und Bilder zu den bedrohten Zweifarbfledermäusen, siehe Internetadressen auf Seite 8).

Aus vier mach eins
Mithilfe dieses Arbeitsblatts verschaffen sich die Schüler einen Überblick über die vier Erzählstränge des Buches. Eine grafische Darstellung veranschaulicht zudem den literarischen Begriff des Erzählstrangs. Während die erste Aufgabe mithilfe des Buches eindeutig zu lösen ist, gibt es bei der Zuordnung von Ereignissen zu den vier Erzählsträngen z. T. mehrere Varianten. Dieser Aspekt kann im Unterrichtsgespräch thema-

tisiert werden, da sich so die zahlreichen Verknüpfungen der vier Erzählstränge untereinander aufzeigen lassen.

Lösung

1. Fledermäuse in der Schule
2. Geheimnisvolle Klassenlisten
3. Zweifarbfledermäuse auf dem Erdbeerhof
4. Flüchtlinge auf Teneriffa

Zu 1.: Vorurteile gegen Fledermäuse im Biounterricht – Fledermauspapa Moritz – Projekt „Nistkästen für Fledermäuse" – Hua entpuppt sich als Fledermausexpertin. – Präsentation der Projekte am „Tag der offenen Tür"

Zu 2.: Maik und seine Clique sammeln ausländische Namen und schicken Listen an die Polizei. – Maik erpresst Moritz mit den Fledermäusen. – Moritz versteckt Hua auf dem Erdbeerhof. – Arturs Abschiedsbrief – Maik bringt Hua am „Tag der offenen Tür" zur Schule.

Zu 3.: Oma Fliederbusch zieht nach Teneriffa. – bevorstehender Umzug auf den Erdbeerhof – Moritz' geheime Mission – geplanter Bau einer Umgehungsstraße – Die Zweifarbfledermäuse retten den Erdbeerhof.

Zu 4.: Urlaub auf Teneriffa – Flüchtlinge verstecken sich in der Fledermaushöhle. – Moritz nimmt Ali mit ins Hotel. – Alis Ausweisung – Bau eines Denkmals für den toten Flüchtlingsjungen

Gesprächs- und Schreibanlässe

Was ist mit Artur und Hua zu Hause?

Am letzten Abend auf Teneriffa kann Moritz nicht einschlafen, weil er Angst um seine Freunde Artur und Hua hat, die eventuell auch auf Maiks Listen stehen könnten. Was geht ihm wohl durch den Kopf? Schreibe diesen inneren Monolog.

Urlaubsgeschichten

Moritz kann viel aus seinem Urlaub erzählen – es wäre wohl eher eine traurige Urlaubsgeschichte. Was hast du schon im Urlaub erlebt? Erzähle eine traurige oder lustige Urlaubsgeschichte aus deinem Leben.

Huas Tagebucheintrag

Nachdem Moritz von Arturs Schicksal erfahren hat, schaut er bei Hua in ihrem Versteck auf dem Gutshof vorbei und erzählt ihr die Geschichte. Als Moritz dann wieder weg ist, nimmt sich Hua Zeit und schreibt in ihr Tagebuch:

Liebes Tagebuch, ich muss mich verstecken, so viel ist in den letzten Tagen passiert … Schreibe Huas Tagebucheintrag zu Ende.

Namen ohne Gesichter

„Florian versteht nicht, dass es ein Unterschied ist, wenn die Namen Gesichter bekommen" (Buch, Seite 127). Was hat Maik, im Gegensatz zu seinem Freund Florian, endlich begriffen? Warum ist es ein Unterschied, ob nur Namen auf einer Liste stehen oder ob diese Namen Gesichter bekommen?

Fledermäuse retten den Erdbeerhof

Moritz ist gespannt, was Oma Fliederbusch zur Rettung des Erbeerhofs sagt. Er schreibt ihr eine E-Mail, um sie über die Neuigkeiten zu informieren.

Kreativ aktiv

Freunde aus der ganzen Welt

Schaut im Atlas nach, wo die Länder liegen, aus denen Moritz' Freunde kommen: Ali – Mauretanien, Hua – China, Artur – Ukraine.

Zeichnen wie Hua

Könnt ihr so gut zeichnen wie Hua? Fledermäuse im Anflug, hängend am Dachbalken, Einzelporträts – eurer Fantasie sind keine Grenzen gesetzt. Besorgt euch Vorlagen und gestaltet euer Klassenzimmer.

Freundschaft ist …

Überlegt euch in Gruppen eine Szene zum Thema „Freundschaft ist …" (z.B. Spaß haben, nicht allein sein, sich Geheimnisse anvertrauen) und spielt diese anschließend vor. Die Szene kann in einem Standbild enden. Natürlich könnt ihr dieses Rollenspiel auch eng an die Freundschaften im Buch anlehnen.

Kindernachrichten

Für die Kindernachrichten im Fernsehen sollen folgende Begriffe kindgerecht erklärt werden: Flüchtlinge, Asyl, Asylantrag, Auffanglager/Flüchtlingscamp, Visum, Aufenthaltsgenehmigung. Überlegt euch als Redaktionsteam verständliche Formulierungen für Kinder und bestimmt einen aus dem Team, der die Erklärungen als Nachrichtensprecher vorträgt. (Für diese Aufgabe können die Schüler das Buch und auch die Informationen aus den Texten „Flüchtlinge wollen nach Europa" und „Was ist Asyl?" (KV Seite 38/39) zu Hilfe nehmen.)

Flüchtlinge

Du hast in der Geschichte einiges über Flüchtlinge erfahren und kennst dich jetzt aus.
Bei den Sätzen unten ist allerdings etwas schiefgelaufen.

 Verbinde die passenden Satzteile und schreibe die Sätze richtig in dein Heft.

Die Flüchtlinge	in einem Flüchtlingscamp / Auffanglager untergebracht.
Um in Deutschland bleiben zu können,	mit Radar gesucht.
Wenn die Eltern keine Aufenthaltsgenehmigung haben,	wollen Arbeit finden.
Flüchtlinge ohne Einreisegenehmigung werden zunächst	keinen Pass und keine Krankenversicherung.
In Deutschland gibt es nach Schätzungen	gelten auch in Deutschland geborene Kinder als „Illegale".
Nach Bootsflüchtlingen wird	aus Syrien, Afghanistan und dem Irak.
Illegale Flüchtlinge haben	bis zu 500 000 Illegale.
Nach Deutschland kommen die meisten Flüchtlinge	braucht man eine Aufenthaltsgenehmigung.

Was ist mit dem folgenden Zitat gemeint?
Was denkt ihr darüber?
Tauscht euch in der Gruppe aus.

„Es gibt zu viele Flüchtlinge,
sagen die Menschen.
Es gibt zu wenig Menschen,
sagen die Flüchtlinge."

Ernst Ferstl, Lehrer und Autor

Flüchtlinge wollen nach Europa

 Lies den Text. Unterstreiche wichtige Informationen.

Jedes Jahr versuchen unzählige Menschen von Afrika nach Europa zu kommen. Sie benutzen dafür kleine, alte Boote, die zum Teil viel zu wackelig für hohe Wellen sind. Meistens sind sie auch noch völlig überfüllt, sodass jedes Jahr Hunderte von Menschen diese gefährliche Überfahrt gar nicht überleben.

Schaffen es die Flüchtlinge, bis nach Europa zu kommen, leben sie erst einmal in speziellen Auffanglagern, bis entschieden ist, ob sie im jeweiligen Land bleiben dürfen. Aus Angst, nicht anerkannt zu werden, tauchen viele Flüchtlinge aber auch unter. Sie sind im betreffenden Land nicht offiziell gemeldet und haben auch keine Krankenversicherung, d.h. sie leben und arbeiten dort illegal.

Die Gründe, warum Menschen ihr Land verlassen, sind vielfältig: Manche Menschen fliehen, weil in ihrer Heimat Krieg herrscht oder weil sie wegen ihrer Religion, ihrer Zugehörigkeit zu einer Bevölkerungsgruppe oder zu einer Partei verfolgt werden. Viele fliehen auch, weil es ihnen in ihrer Heimat sehr schlecht geht, weil sie mit ihren Familien in großer Armut leben und nur das Allernötigste zum Leben haben. Manche Flüchtlinge kommen aus Regionen, die von Umweltkatastrophen oder dem Klimawandel betroffen sind.

Die Flüchtlinge „reisen" in ein europäisches Land, weil sie hoffen, dort Zuflucht zu finden, Arbeit zu bekommen und ein besseres Leben führen zu können. 2015 waren weltweit über 65 Millionen Menschen auf der Flucht. So viele wie nie zuvor. Das entspricht etwa der Einwohnerzahl von Großbritannien oder Frankreich!

 Schneide die Kärtchen unten aus und bringe sie in die richtige Reihenfolge.
Erkläre einem Lernpartner den Inhalt des Textes anhand der Kärtchen.

 Beantworte die Fragen in deinem Heft.
Ergänze weitere Fragen und beantworte auch diese.

1. Warum überleben viele Flüchtlinge die Überfahrt von Afrika nach Europa nicht?
2. Wo leben sie zunächst einmal im Zufluchtsland?
3. Warum fliehen die Menschen aus ihrem Heimatland?
4. Was erhoffen sich die Asylsuchenden im Zufluchtsland?

5. _____

6. _____

✂

Afrika → Europa	illegales Leben	gefährliche Überfahrt
Klimawandel und Umweltkatastrophen	Hoffnung auf besseres Leben	2015: weltweit über 65 Millionen Flüchtlinge
Auffanglager	Armut	Krieg und Verfolgung

Was ist Asyl?

 Lies den Text. Unterstreiche wichtige Informationen.

Unter „Asyl" versteht man einen Zufluchtsort oder einen Unterschlupf, in dem man vor Gefahr und Verfolgung sicher ist. In Deutschland gehört das Asylrecht zu den Grundrechten eines jeden Menschen. In unserer Verfassung steht: „Jeder Mensch hat einen Anspruch auf Asyl in Deutschland." Dies gilt aber nur, wenn der Heimatstaat die Menschen nicht ausreichend schützen kann oder selbst Auslöser für die Flucht ist.

Um Asyl beantragen zu können, müssen Flüchtlinge erst einmal nach Europa kommen. Für die Einreise braucht man aber eine Genehmigung, ein sogenanntes „Visum". Um das zu bekommen, muss man vor der Einreise nachweisen, dass man z. B. ein Arbeitsplatzangebot oder eine Einladung ins Land hat, aber auch, dass man ausreichend Geld für die Rückkehr ins Heimatland besitzt. Da Flüchtlinge diese Nachweise nicht erbringen können und somit kein Visum erhalten, versuchen viele, auf illegalen Wegen nach Europa einzureisen.

Wenn die Flüchtlinge trotz aller Schwierigkeiten ein europäisches Land, z. B. Deutschland, erreicht haben, haben sie ein Anrecht auf ein Asylverfahren. Bei einer

Behörde oder der Polizei können sie den Antrag dafür stellen. Dann wird erst einmal geprüft, ob die Gründe für die Flucht aus dem Heimatland ausreichend sind, um Asyl zu gewähren. Dies kann oft sehr lange dauern. In dieser Zeit leben diese Flüchtlinge in sogenannten Asylantenheimen und dürfen nicht arbeiten. Sie erhalten eine vorläufige Aufenthaltsgenehmigung, bis über ihren Antrag auf Asyl entschieden ist. Entscheidet die Behörde, dass der Flüchtling in seiner Heimat gar nicht so gefährdet ist, muss er Deutschland verlassen. Geht er nicht freiwillig, dann wird er mit dem Flugzeug in seine Heimat zurückgeflogen.

 Schneide die Kärtchen unten aus und bringe sie in die richtige Reihenfolge.
Erkläre einem Lernpartner den Inhalt des Textes anhand der Kärtchen.

 Beantworte die Fragen in deinem Heft.
Ergänze weitere Fragen und beantworte auch diese.

1. Was versteht man unter „Asyl" und wer hat Anrecht darauf?
2. Warum versuchen viele Flüchtlinge illegal in ein europäisches Land einzureisen?
3. Wo kann man einen Antrag auf Asyl stellen?
4. Was passiert mit den Flüchtlingen, wenn ihr Asylantrag abgelehnt wird?

5. _____

6. _____

✂

Asylrecht = Grundrecht des Menschen	Prüfung der Gründe für die Flucht	negative Entscheidung → Rückflug in die Heimat
vorläufige Aufenthaltsgenehmigung	„Asyl" = Zufluchtsort	Asylantrag
nicht ausreichender Schutz durch den Heimatstaat	Einreisevisum	Asylantenheim

Das Recht zu bleiben? (1)

 Was verbindest du mit dem Wort „Flüchtling"? Schreibe auf die Linien.

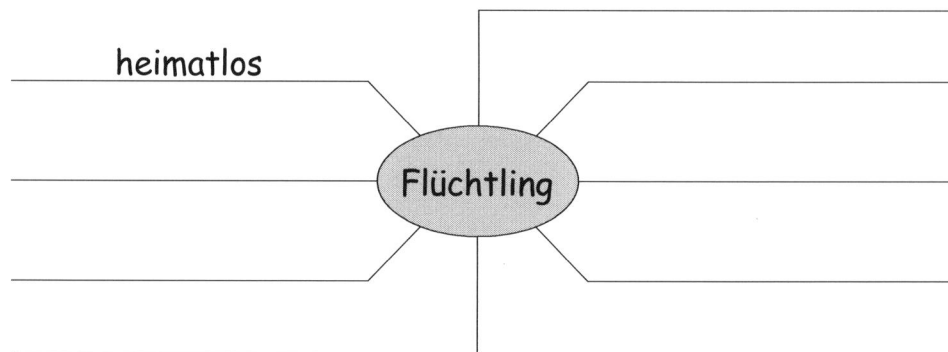

heimatlos

Flüchtling

 In welchem Sinne ist Ali ein „Flüchtling"?
Lies die beiden Erklärungen unten und begründe.

Die Genfer Flüchtlingskonvention
Artikel 1
Flüchtling ist, wer aufgrund einer begründeten Furcht vor Verfolgung wegen seiner Rasse, Religion, Nationalität, Zugehörigkeit zu einer bestimmten sozialen Gruppe oder wegen seiner politischen Überzeugung sich außerhalb des Landes befindet, dessen Staatsangehörigkeit er besitzt und dessen Schutz er nicht in Anspruch nehmen kann oder will.

Lexikon
<u>Flüchtlinge</u>, Sammelbegriff für Personen, die durch politische (Zwangs-)Maßnahmen, Kriege und existenzbedrohende Notlagen veranlasst wurden, ihre Heimat vorübergehend oder auf Dauer zu verlassen.

 Stell dir vor, Ali hätte es geschafft, mit seinem Vater das spanische Festland zu erreichen. Könnten sie in Deutschland Asyl beantragen? Lies den Text und begründe.

Deutsches Grundgesetz
Artikel 16a

(1) Politisch Verfolgte genießen Asylrecht.
(2) Auf Absatz 1 kann sich nicht berufen, wer aus einem Mitgliedstaat der Europäischen Gemeinschaften oder aus einem Drittstaat einreist, in dem die Anwendung des Abkommens über die Rechtsstellung der Flüchtlinge und der Konvention zum Schutze der Menschenrechte und Grundfreiheiten sichergestellt ist. (…)

Das Recht zu bleiben? (2)

 Erkläre die unten stehende Grafik. Welche Entwicklungen kannst du erkennen?

Entwicklung der Asylantragszahlen seit 1990

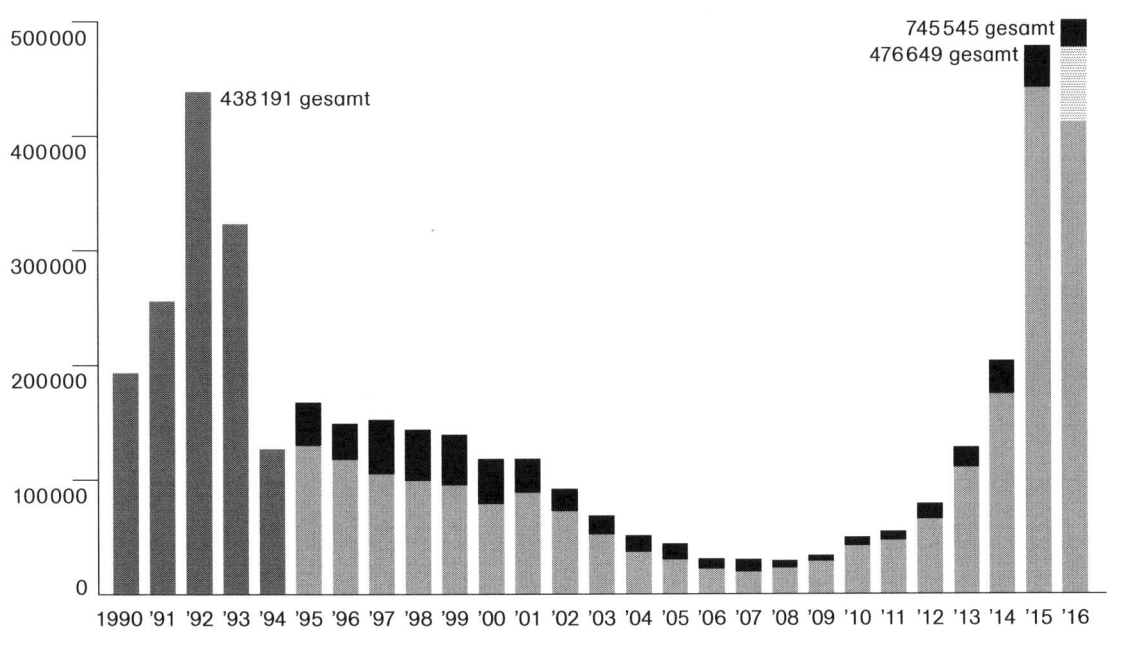

Erst- und Folgeanträge (bis 1994)
Erstanträge (ab 1995)
Folgeanträge (ab 1995)

 Nach Deutschland kommen viele Menschen aus anderen Ländern, die aus verschiedenen Gründen gerne hier leben und arbeiten würden. Lies dir die folgenden Fälle durch. Wer hat gute Chancen zu bleiben, wer nicht? Versuche zu begründen.

Tarak, 19, kommt aus Marokko. Er ist ein sehr talentierter Fußballspieler. Ein deutscher Verein hat ihm ein gutes Angebot gemacht. Bekommt er die Einreisepapiere nach Deutschland?

Salif, 16, kommt aus einem Land, in dem lange Zeit ein Bürgerkrieg gewütet hat. Er hat schon als Kind seine Eltern verloren und ist seit Jahren auf sich allein gestellt. Über Spanien gelangt er ohne Einreisepapiere nach Deutschland. Darf er bleiben?

Samira, 23, wird in ihrer Heimat verfolgt, weil sie sich an Protesten gegen die Militärregierung beteiligt hat. Sie war im Gefängnis und wurde mehrfach mit dem Tode bedroht. Auf abenteuerlichen Wegen schafft sie es, mit dem Flugzeug nach Deutschland zu kommen. Darf sie bleiben?

Artur, 44, kommt aus Russland. Er ist seit Jahren arbeitslos, sodass seine Familie kaum das Nötigste zum Leben hat. Seine Mutter ist krank und Artur kann die Medikamente nicht bezahlen. Er möchte in Deutschland arbeiten, um Geld nach Hause schicken zu können. Darf er kommen?

Freundschaft ist …

 Was bedeutet Freundschaft für dich? Fülle den Fragebogen aus.
Ergänze unten eigene Angaben.

	sehr wichtig	wichtig	nicht so wichtig	unwichtig
Name: _____ Angaben zur Person: ☐ männlich ☐ weiblich				
sich gegenseitig Geschenke machen	☐	☐	☐	☐
cool drauf sein	☐	☐	☐	☐
aus dem gleichen Land / der gleichen Kultur kommen	☐	☐	☐	☐
ehrlich zueinander sein	☐	☐	☐	☐
gemeinsame Hobbys haben	☐	☐	☐	☐
in die gleiche Klasse gehen	☐	☐	☐	☐
sich gegenseitig helfen	☐	☐	☐	☐
sich Geheimnisse erzählen	☐	☐	☐	☐
immer gleicher Meinung sein	☐	☐	☐	☐
sich schon lange kennen	☐	☐	☐	☐
einander vertrauen	☐	☐	☐	☐
einander mögen / sich sympathisch finden	☐	☐	☐	☐
genauso viel haben / bekommen wie der andere	☐	☐	☐	☐
das gleiche Geschlecht haben	☐	☐	☐	☐
viel Zeit miteinander verbringen	☐	☐	☐	☐
	☐	☐	☐	☐
	☐	☐	☐	☐

 Wertet die Ergebnisse gemeinsam aus.
Gestaltet ein Plakat mit euren „Top 10 für Freundschaft".

Geschwisterliebe?

Das Verhältnis zwischen Moritz und seinen beiden Geschwistern hat sich im Laufe der Lektüre verändert.

Woran liegt es, dass sich Moritz jetzt besser mit Melanie und Maik versteht? Schreibe auf die Linien.

* hat kein Verständnis für Moritz' Leidenschaft
* hasst Fledermäuse
* ist Vaters Prinzessin, eine richtige „Zicke"

* ist mit seinen eigenen Dingen beschäftigt (Listen)
* erpresst Moritz
* nennt den Polizisten Alis Herkunftsland
* ist mit dafür verantwortlich, dass Arturs Familie wegzieht

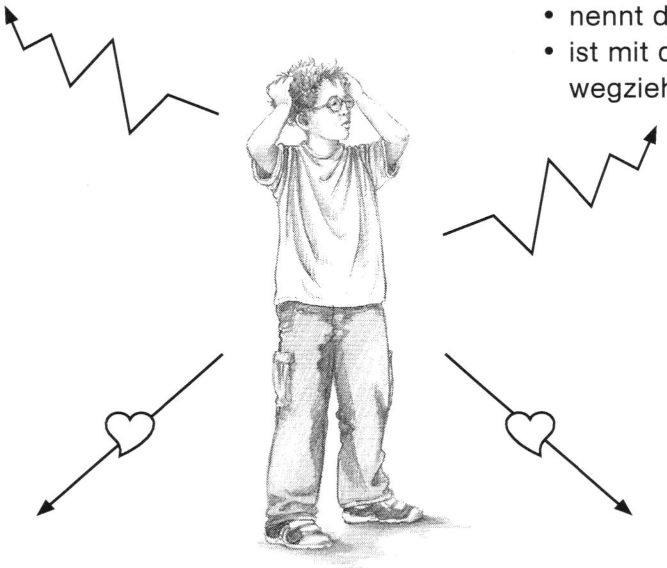

Showdown am „Tag der offenen Tür"

Gruppe 1: Huas Rede

„Moritz ist heiser und darum muss ich nun die Rede halten. Aber wir haben alles zusammen gemacht (...)"

Schreibt Huas Rede weiter. Tragt sie anschließend der Klasse vor.

Tipp: Berücksichtigt dabei folgende Themen:
• das Fledermausprojekt in der Schule (siehe Buch Seiten 36 und 67/68)
• Huas Erlebnisse auf dem Dachboden des Erdbeerhofs (siehe Buch Seiten 118–125)

5 Tipps für den erfolgreichen Redner:

• eine klare, verständliche Sprache sprechen
• lange Sätze vermeiden
• Sprechpausen einbauen
• „Visualisierungen" (Bilder, Folien, Tafelbilder ...) benutzen
• Blickkontakt mit den Zuhörern halten

Gruppe 2: Zeitungsreporter

Am „Tag der offenen Tür" an der Grund- und Gesamtschule Osterbrügge sind auch einige Reporter anwesend, die über das Ereignis berichten sollen. Besonders interessant ist für sie natürlich Huas Rede und die Bedeutung der Fledermäuse für die Rettung des Erdbeerhofs.

Verfasst diesen Artikel. Informiert euch vorher über Aufbau und Sprachstil eines Zeitungsberichts.

Tipp: Die notwendigen Informationen für euren Artikel findet ihr auf den Seiten 36, 67/68 und 118–130 im Buch.

Merkmale eines Zeitungsberichts:

• sachlich
• knapp, auf das Wichtigste beschränkt
• keine sprachlichen Ausschmückungen wie beim Erzählen
• kaum Vermutungen, Meinungen und eigene Gefühle

Aus vier mach eins

Im Buch kann man mehrere abgeschlossene „Geschichten" verfolgen, die sich im Laufe der Erzählung ineinander verschränken und sich teilweise auch wieder auflösen. In so einem Fall spricht man von einer „mehrsträngigen Erzählung".

 Erkläre, wie die grafische Darstellung der ersten Kapitel des Buches zu verstehen ist. Schreibe dann die passenden Überschriften auf die Linien.

2. _____   4. _____   Fledermäuse
in der Schule

_____   _____

Geheimnisvolle
Klassenlisten

Erzählstränge

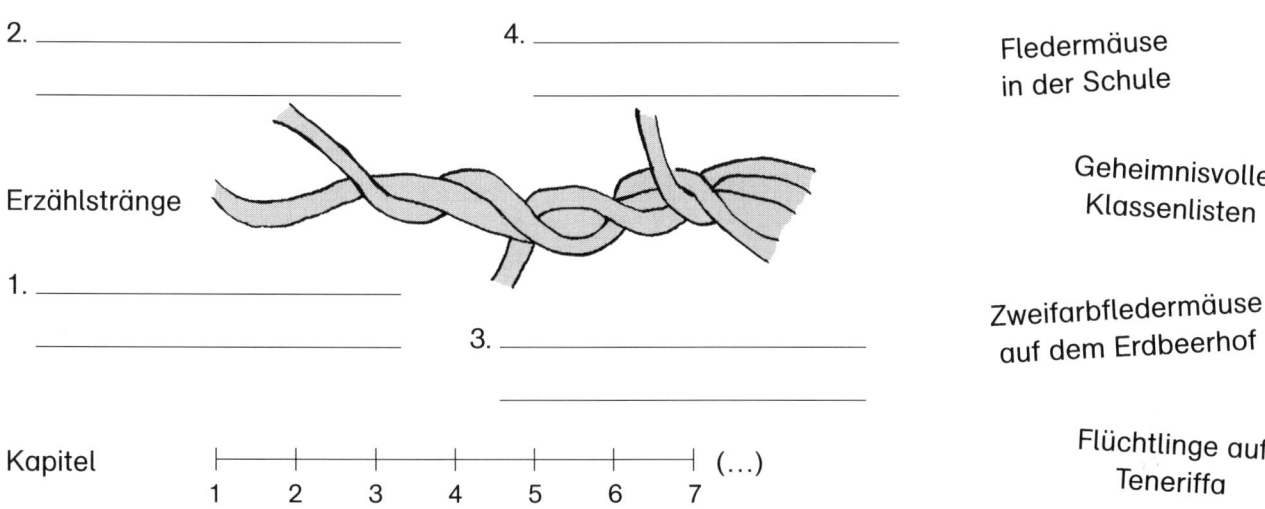

1. _____

Zweifarbfledermäuse
auf dem Erdbeerhof

3. _____

_____

Flüchtlinge auf
Teneriffa

Kapitel   ├───┼───┼───┼───┼───┼───┤ (…)
          1   2   3   4   5   6   7

 Schneide die Kärtchen mit den Begriffen unten aus und ordne sie den vier Erzählsträngen zu. Bringe die Kärtchen jeweils in die richtige Reihenfolge und klebe die vier „Ereignisreihen" untereinander in dein Heft.

 Wie sind die Erzählstränge miteinander verwoben? Zeige Zusammenhänge auf.

✂

bevorstehender Umzug auf den Erdbeerhof	Projekt „Nistkästen für Fledermäuse"	Urlaub auf Teneriffa	Präsentation der Projekte am „Tag der offenen Tür"
Vorurteile gegen Fledermäuse im Biounterricht	Arturs Abschiedsbrief	geplanter Bau einer Umgehungsstraße	Flüchtlinge verstecken sich in der Fledermaushöhle.
Moritz versteckt Hua auf dem Erdbeerhof.	Moritz' geheime Mission	Maik und seine Clique sammeln ausländische Namen und schicken Listen an die Polizei.	Hua entpuppt sich als Fledermausexpertin.
Maik erpresst Moritz mit den Fledermäusen.	Alis Ausweisung	Die Zweifarbfledermäuse retten den Erdbeerhof.	Maik bringt Hua am „Tag der offenen Tür" zur Schule.
Bau eines Denkmals für den toten Flüchtlingsjungen	Moritz nimmt Ali mit ins Hotel.	Fledermauspapa Moritz	Oma Fliederbusch zieht nach Teneriffa.

Unterrichtsschwerpunkte

• Buchbewertung
• Gesamtüberblick über die Handlung

Zu den Kopiervorlagen

 KV Seite 49 **Was meinst du?**
Hier soll anhand einer differenzierten Befragung unterschiedlicher Mitschüler ein kleines Meinungsbild zum Buch entstehen. Die Schüler befragen sich gegenseitig und machen Notizen. Dazu wird die Klasse in zwei Gruppen eingeteilt, die jeweils unterschiedliche Fragebögen (A und B) erhalten. Ein Schüler aus Gruppe A befragt einen Schüler aus Gruppe B und umgekehrt, danach gehen die beiden Schüler wieder auseinander und befragen einen anderen Mitschüler der jeweils anderen Gruppe. Diese Form der Durchführung bewirkt, dass Meinungen von Mitschülern eingeholt werden, mit denen man vielleicht sonst recht wenig zu tun hat. Kopieren Sie genügend Fragezettel, falls einige Schüler mehrere Mitschüler interviewen wollen. Gegebenenfalls können auch weitere Notizen im Heft gemacht werden.

 KV Seite 50–52 **Das Spiel zum Buch**
Bei dem interaktiven Frage-und-Antwort-Spiel schlüpfen die Schüler in die Rolle von Fledermäusen zweier Fledermauskolonien, die in der Dämmerung aus ihrer Fledermaushöhle fliegen und auf Nahrungssuche gehen. Der Flug aus der Höhle und das Fangen des Insekts gelingen, wenn eine Fledermaus die ihr gestellten Fragen zum Buch schneller richtig beantwortet als die Fledermaus der anderen Kolonie.

Alternativ können die Karten auch ausgeschnitten und in Kleingruppen oder Partnerarbeit für ein einfaches Frage-und-Antwort-Spiel verwendet werden.

Benötigte Materialien:
Frageliste (KV Seite 51/52); ca. 15 Insektenkarten (KV Seite 50) großkopiert und auf Pappe oder festes Papier geklebt; Tesafilm oder andere Befestigungshilfe

Vorbereitung:
Die Klasse wird in zwei gleich große Gruppen aufgeteilt. Die eine Gruppe ist die Fledermauskolonie der Großen Mausohren und die andere die Fledermauskolonie der Kleinen Mausohren. Jede „Fledermaus" der jeweiligen Kolonie erhält eine Nummer beginnend mit 1, sodass es immer zwei Fledermäuse mit der gleichen Nummer gibt, die aber zu unterschiedlichen Kolonien gehören (Großes Mausohr 5 und Kleines Mausohr 5).

Beide Kolonien begeben sich zu Spielbeginn in ihre „Höhle", setzen sich also getrennt voneinander z. B. auf den Boden im Klassenzimmer.

Der Spielleiter (Lehrer) hält die Insektenkarten bereit und befestigt pro Durchgang jeweils eine Insektenkarte an der Tafel. Diese Insektenkarte gilt es in zwei Schritten zu erhaschen. Erster Schritt: Flug aus der Höhle, zweiter Schritt: Fangen des Insekts.

Spielverlauf:
Der Spielleiter ruft eine beliebige Fledermausnummer auf und die beiden Fledermäuse, die diese Nummer zu Beginn des Spiels erhalten haben, stehen auf. Sie treten jetzt gegeneinander an und versuchen im ersten Schritt aus der Höhle zu kommen. Dies gelingt aber nur der Fledermaus, die die vom Spielleiter gestellte Frage zum Buch als Erste

richtig beantwortet. Diese Fledermaus, z. B. Großes Mausohr 5, fliegt jetzt aus der Höhle, tritt also vor die eigene Fledermauskolonie, während Kleines Mausohr 5 in ihrer Höhle stehen bleibt.

Beantwortet Großes Mausohr 5 auch die zweite Frage als Erste richtig, so hat sie ein Insekt gefangen, darf sich die bereitgestellte Insektenkarte nehmen und „fliegt" zurück in die Höhle zu ihrer Kolonie. Zwei neue Fledermäuse treten dann gegeneinander an, das Spiel beginnt von vorn.

Beantwortet jedoch Kleines Mausohr 5 die zweite Frage als Erste richtig, so „fliegt" auch sie aus der Höhle, neben die andere Fledermaus. Jetzt wird es spannend, denn wer bei der dritten Frage zuerst die richtige Antwort gibt, fängt das Insekt, darf sich also die Insektenkarte nehmen. Beide Fledermäuse fliegen anschließend zurück in ihre jeweilige Kolonie, eine mit einem gefangenen Insekt, die andere leider erfolglos.

Sollten beide Fledermäuse gleichzeitig die richtige Antwort geben, so kann der Spielleiter entscheiden, ob er ihnen eine weitere Frage stellt oder ob beide aus der Höhle fliegen bzw. jeweils ein Insekt fangen.

Die Kolonie, die am Schluss die meisten Insektenkarten vorweisen kann, hat das Spiel gewonnen.

Schreibanlass

Eine Buchkritik
Wie hat dir persönlich das Buch „Fledermäuse beißen nicht" gefallen? Verfasse eine kurze Buchkritik. (Diese Buchkritik kann sich an den Fragen der KV „Was meinst du?", Seite 49, orientieren.)

Kreativ aktiv

Gruppenprojekte zum Buch
Besonders intensiv setzen sich Schüler am Schluss der Lektüre noch einmal mit dem Gelesenen auseinander, wenn sie ein abschließendes Kleinprojekt erarbeiten. Hier sind einige Vorschläge:
- Rollenspiel (4 – 6 Schüler)
  Sucht euch fünf wichtige Szenen aus dem Buch heraus und überlegt, wie ihr diese Szenen pantomimisch darstellen könnt. Probt das Ganze und stellt euer Ergebnis dann euren Mitschülern vor. Sie sollen erraten, welche Szenen ihr vorgespielt habt.
- Fragen zum Buch (max. 4 Schüler)
  Überlegt euch möglichst viele Fragen zu den Figuren und zum Inhalt des Buches. Denkt daran, euch leichte, mittelschwere, aber auch schwere Fragen zu überlegen, und veranstaltet anschließend mit euren Mitschülern ein kleines Quiz.
- Einen Comic zeichnen (4 – 6 Schüler)
  Aus welchen Szenen des Buches könnte man einen kleinen Comic machen? Diskutiert diese Frage und macht euch an die Arbeit. Die Comics könnt ihr im Klassenzimmer aufhängen.
- Überschriftenpuzzle (max. 4 Schüler)
  Vergleicht eure Überschriften, die ihr für jedes Kapitel gefunden habt, sucht die besten heraus und schreibt sie in ungeordneter Reihenfolge auf. Wenn euer „Überschriftenpuzzle" kopiert ist, könnt ihr eure Mitschüler testen. Wer die Überschriften als Erster in die richtige Reihenfolge gebracht hat, hat gewonnen.
- Lückentext (2 – 4 Schüler)
  Entwerft einen kleinen Lückentext zum Inhalt des Buches, den ihr von euren Mitschülern ausfüllen lasst. Wenn ihr die Lösungswörter mit angebt, ist es nicht ganz so schwer.
- Talkshow (4 – 6 Schüler)
  Bereitet eine Talkshow vor. Ein Moderator könnte z. B. Moritz, Maik, Hua oder die Autorin des Buches befragen. Überlegt euch interessante Fragen und Antworten für eure Talkshowgäste, probt das Ganze und stellt es dann euren Mitschülern vor.

Fledermaus-Tabu

Kennt ihr das Spiel „Tabu"? Man kann es auch zu „Fledermäuse beißen nicht" spielen. Tut euch in Kleingruppen zusammen und bereitet für eine andere Gruppe die Spielkarten vor: Beschriftet möglichst viele Kärtchen mit einem Oberbegriff und drei nahestehenden Begriffen aus dem Buch, z. B.

> TENERIFFA
> Insel
> Urlaub
> Oma Fliederbusch

Tauscht die Kärtchen untereinander aus und spielt „Fledermaus-Tabu". Dafür werden zwei Gruppen gebildet. Ein Schüler aus Gruppe A versucht in einer Minute seinem Rateteam das oberste Wort auf der Karte zu erklären. Allerdings dürfen die drei darunterstehenden Begriffe dabei nicht verwendet werden. Mimik, Gestik, unterstützende Geräusche und Abkürzungen sind nicht erlaubt. Dies wird von den Spielern der Gruppe B kontrolliert.

Jedes Mal, wenn ein Mitspieler der eigenen Gruppe den Suchbegriff richtig errät, bekommt die Gruppe einen Punkt. Eine neue Karte wird gezogen und wieder der oberste Begriff erklärt, bis die Minute vorbei ist. Am Ende eines Durchgangs zählen alle erklärten Begriffe jeweils einen Punkt.

Punkte kann man verlieren, wenn der Spieler während des Erklärens einen der verbotenen Begriffe nennt. Kommt dies vor, legt man die Karte zur Seite. Am Ende des Durchgangs zählt man diese „Minuskarten". Pro Karte erhält die gegnerische Mannschaft einen Punkt.

Immer abwechselnd erklärt ein Spieler der Gruppe A bzw. Gruppe B seinem eigenen Team die gesuchten Begriffe.

Das Team, das am Schluss die meisten Punkte erzielt hat, gewinnt.

Was meinst du?

Mitschülerbefragung A

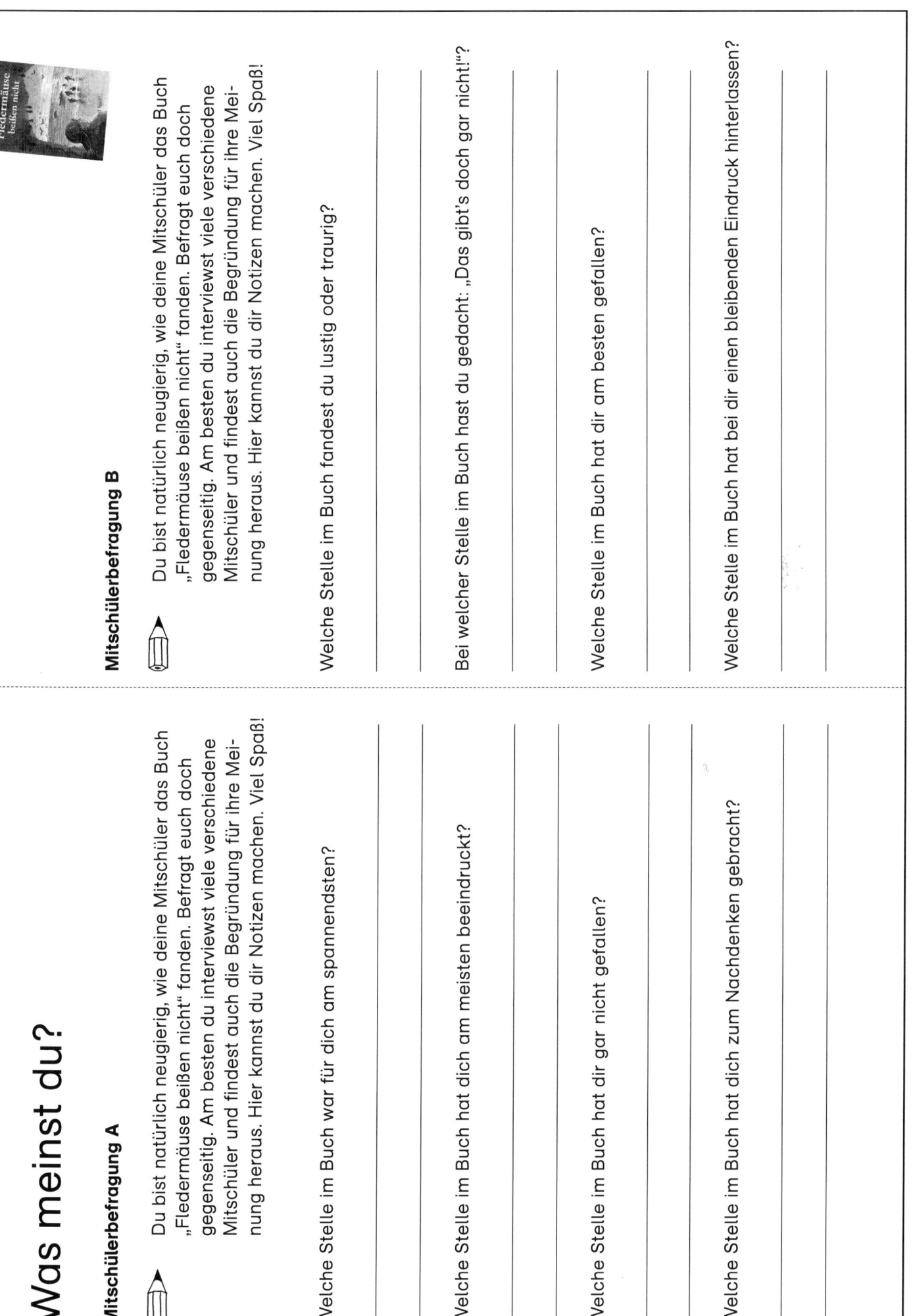

Du bist natürlich neugierig, wie deine Mitschüler das Buch „Fledermäuse beißen nicht" fanden. Befragt euch doch gegenseitig. Am besten du interviewst viele verschiedene Mitschüler und findest auch die Begründung für ihre Meinung heraus. Hier kannst du dir Notizen machen. Viel Spaß!

Welche Stelle im Buch war für dich am spannendsten?

Welche Stelle im Buch hat dich am meisten beeindruckt?

Welche Stelle im Buch hat dir gar nicht gefallen?

Welche Stelle im Buch hat dich zum Nachdenken gebracht?

Mitschülerbefragung B

Du bist natürlich neugierig, wie deine Mitschüler das Buch „Fledermäuse beißen nicht" fanden. Befragt euch doch gegenseitig. Am besten du interviewst viele verschiedene Mitschüler und findest auch die Begründung für ihre Meinung heraus. Hier kannst du dir Notizen machen. Viel Spaß!

Welche Stelle im Buch fandest du lustig oder traurig?

Bei welcher Stelle im Buch hast du gedacht: „Das gibt's doch gar nicht"?

Welche Stelle im Buch hat dir am besten gefallen?

Welche Stelle im Buch hat bei dir einen bleibenden Eindruck hinterlassen?

Das Spiel zum Buch – Insektenkarten

✁

Das Spiel zum Buch – Fragekarten (1)

✂

Welchen Titel hat das Buch? *Fledermäuse beißen nicht*	Wie alt ist Maiks bester Freund Florian? *18 Jahre*
Wie heißt die Autorin des Buches? *Carolin Philipps*	Wie heißt der Ort, in dem Familie Schulte wohnt? *Osterbrügge*
In welche Klasse geht Moritz? *in die 6. Klasse*	Wie lautet Moritz' Lieblingsprojekt? *Nistkästen für Fledermäuse*
Wie heißen Moritz' Geschwister? *Maik und Melanie*	Wo sperren Artur und Moritz Hua ein, um herauszufinden, ob sie Angst vor Fledermäusen hat? *im Schuppen hinter dem alten Pavillon*
Wie heißt der Klassenlehrer von Moritz? *Herr Piepke*	In welchem Ozean liegt Teneriffa? *im Atlantischen Ozean*
Wie tauft Onkel Samuel die Fledermaus, die er in New Mexico für Moritz adoptiert hat? *Moritzbat*	Wo arbeitet Moritz' Vater? *im Kindergarten*
Welche Art von Fledermäusen lebt auf Oma Fliederbuschs Dachboden? *Zweifarbfledermäuse*	Zu welcher Tierart gehören Fledermäuse? *zu den Säugetieren*
Was wird auf Oma Fliederbuschs Gutshof angebaut? *Erdbeeren*	Was steckt Oma Fliederbusch Moritz zu, bevor sie nach Teneriffa geht? *den Haustürschlüssel, damit er bis zum Umzug zu den Fledermäusen kann*
Wofür steht die Fledermaus in China? *für Glück*	Als Moritz zum ersten Mal allein auf dem Erdbeerhof ist, erscheint Maik, weil er einen Auftrag von seiner Mutter bekommen hat. Was soll er prüfen? *Er soll prüfen, ob alle Fenster geschlossen sind.*
Für welche blutsaugenden Nachtgestalten werden Fledermäuse oft gehalten? *für Vampire*	Wie alt ist Moritz' Schwester Melanie? *10 Jahre*
Wie viele von Moritz' 25 Klassenkameraden haben einen ausländischen Namen? *14*	Was muss Moritz für Maik besorgen, damit dieser nicht sein Fledermausgeheimnis verrät? *die Klassenliste der 5. Klasse*

Das Spiel zum Buch – Fragekarten (2)

✂

Wie oft im Jahr macht Familie Schulte Urlaub? *zweimal*	Wo versteckt Moritz seine Freundin Hua? *auf dem Gutshof*
Wie kommen die mauretanischen Flüchtlinge nach Teneriffa? *mit dem Boot*	Wie viele Fledermäuse leben auf dem Dachboden des Gutshofs? *fast 200*
Wie heißt Moritz' chinesische Freundin? *Hua*	Durch welches Bauvorhaben ist der Erdbeerhof gefährdet? *durch den Bau einer Umgehungsstraße*
Was leiht Hua Moritz für den Urlaub auf Teneriffa? *einen Detektor*	Was besorgt Melanie für die Fledermausmutter zum Essen? *Mehlwürmer*
Wo verstecken sich Moritz und Oma Fliederbusch, als die Flüchtlinge am Strand ankommen? *in einer Höhle*	Warum werden Fledermäuse durch Gesetze geschützt? *Sie sind stark gefährdet.*
Wie heißt der Flüchtlingsjunge aus Mauretanien? *Ali*	Was verhindert den Bau der Umgehungsstraße? *die Fledermauskolonie auf dem Gutshof*
Wie nennt man den Ort, wo Flüchtlinge zunächst untergebracht sind? *Auffanglager / Flüchtlingslager / Camp*	Wer bringt Hua vom Gutshof zur Schule? *Maik*
Woraus besteht das Denkmal für den ertrunkenen Flüchtlingsjungen? *aus Muscheln und Steinen*	In welche Haft kommt ein illegaler Flüchtling, damit er vor der Rücksendung ins Heimatland nicht untertaucht? *in Abschiebehaft*
Woher stammen die meisten Flüchtlinge, die in Deutschland ankommen? *aus Syrien, Afghanistan und dem Irak*	Seit wie vielen Jahren leben Huas Eltern legal in Deutschland? *seit 20 Jahren*
Aus welchem Land stammt Moritz' bester Freund Artur? *aus der Ukraine*	Wie bekommt es Moritz hin, dass Hua doch noch die Rede halten darf? *Er tut so, als wäre er heiser.*
In welche chinesische Stadt sind Huas Eltern geflogen, um die kranke Oma zu besuchen? *nach Schanghai*	Wie viele Kapitel hat das Buch? *13*